核心素养视角下的小学音乐教育

高玉杰　著

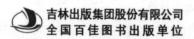

吉林出版集团股份有限公司
全国百佳图书出版单位

图书在版编目（CIP）数据

核心素养视角下的小学音乐教育 / 高玉杰著. — 长
春：吉林出版集团股份有限公司，2020.12
ISBN 978-7-5581-9828-1

Ⅰ. ①核… Ⅱ. ①高… Ⅲ. ①音乐教育－教学研究－
小学 Ⅳ. ①G623.712

中国版本图书馆 CIP 数据核字(2021)第 033626 号

HEXIN SUYANG SHIJIAO XIA DE XIAOXUE YINYUE JIAOYU

核心素养视角下的小学音乐教育

作　　者/高玉杰　著

出 版 人/姜伟东
责任编辑/朱子玉
封面设计/瑞天书刊
开　　本/710mm×1000mm　1/16
字　　数/114 千字
印　　张/8.25
印　　数/1—500 册
版　　次/2022 年 6 月第 1 版
印　　次/2022 年 6 月第 1 次印刷

出　　版/吉林出版集团股份有限公司
发　　行/吉林音像出版社有限责任公司
地　　址/吉林省长春市福祉大路5788号龙腾国际大厦A座
电　　话/0431-81629660
印　　刷/三河市嵩川印刷有限公司

ISBN 978-7-5581-9828-1　　　定价/50.00 元

前　言

音乐作为"礼、乐、射、御、书、数"六艺之一，自古就是教育的重要组成部分。音乐教育是学校普及艺术教育和实施美育的主渠道，它既能够使学生身心愉悦，又能丰富学生的情感体验和传递高尚的精神品质，还能培养学生的审美能力，提高学生的艺术修养。

习近平总书记强调，新时期教育教学的根本任务是立德树人。探索学科核心素养，则是践行立德树人根本任务的有效途径。在新一轮教育教学改革的背景下，广大音乐教育工作者更加明确了今后音乐教学的方向，需要更加努力地创建趣味课堂，以满足学生音乐学习的需求。作为小学音乐教师，我们就要让小学音乐教学满足学生的兴趣需求、满足学生的发展需求、满足学生的素养提升需求，让小学音乐教育教学永远在追求更加完善和美好的路上。

关注学生的素养提升，给予学生更欢乐的音乐课堂，让学生在音乐的感知与参与中快乐成长，这是每一个小学音乐教师的共同心愿。在教育教学改革的大背景下，如何挖掘小学音乐教学中的资源，如何让小学生快乐地成长，这更是新时期广大小学音乐教师追求与探索的重要方向。

目　录

第一章　小学音乐核心素养概述

第一节　音乐核心素养的内涵

我们认为,音乐学科是人文学科的一个重要领域,音乐学科对于发展学生智力、心理等方面发挥着其他学科不可替代的作用。"音乐核心素养"即音乐学科中的核心素养,是以"核心素养"为背景,立足于学生音乐学科的发展,是音乐教学中重要的理论指导内容。我们可以将"音乐核心素养"理解为学生在音乐学科的课堂学习中所应达成的一种综合性、整体性的音乐能力与素养,这种能力与素养应建立在音乐知识与技能之上。

结合"核心素养"的六大素养内容与《小学音乐课程标准(2011 版本)》提出的人文、审美、实践的音乐课程性质来看,我们认为,"音乐核心素养"应围绕着"审美感知""实践能力""文化理解"三个方面发展。

一、审美感知

在中小学音乐教学大纲中都提到,音乐的教育对学生陶冶情操、培养审美情趣、提升审美能力,是学生身心得到健康发展的重要途径。情感体验作为一种音乐教学模式,符合中小学音乐教学大纲的要求。

（一）"情感体验"教学模式

审美感知即情感体验教学模式是"感知音乐—体验音乐—理解音乐—表现音乐—创造音乐"的音乐教学模式，也是所有音乐教学模式中最基础的一种，具有"情感性""体验性"和"感知性"。在音乐教学中，都应遵循情境性原则、体验性原则和感知性原则。首先让学生积极主动的参与到音乐体验中来，教师应充分利用各种教学手段和因素创设教学情境，调动学生的多种感官，活跃课堂氛围，引导学生获得充分的音乐体验。

在中小学音乐核心素养的培养中，除了注重培养学生对音乐的兴趣和音乐知识与技能的学习，"审美"和"感知"也是必不可少的组成部分。学生的情感不断得到陶冶和升华的同时，要感悟音乐、感悟精神、有正确的价值评判、身心和个性得到健康发展。情感体验与多种音乐活动是不可分割的，学生要通过参与多种音乐活动来体验和感知音乐，以此表达和抒发情感。这是一个从音乐到情感转化的过程，在这个体验的过程中，学生的情感得到了升华，审美情趣和审美能力也会得到提升。音乐情感体验是学生培养音乐核心素养的重要组成部分，同时音乐体验能力也是学生重要的音乐素养之一。

（二）小学审美感知培养

在小学音乐情感体验的培养中，与中学有所区别。基于低年级学生年龄较小，心智等方面发育未健全，参与社会实践较少，精神难以长时间集中等因素，音乐教师首先应从兴趣着手，创造良好的音乐情境，让低年级学生能够融入课堂中。小学发展音乐核心素养，需要音乐教师有效引导学生积极参与到音乐实践活动中，通过实践活动培养核心素养，并体验和感知音乐，从而实现小学生审美感知培养的目的。

1. 与音乐活动相结合的情感体验

在小学的音乐情感体验式教学中，带领低年级学生欣赏音乐会、鉴赏优秀的音乐作品的方式，除了个别较有天赋和乐感的孩子外，大多数低年级学生通过这种方式融入音乐情境的难度较大。而选择一些音乐游戏活动，既符合儿童的天性，又可以较好的引导学生快速进入音乐情境。例如：在兴城市 N

小学二年级的音乐校本课程中，音乐教师用歌曲《丢手帕》进行音乐体验教学游戏活动。教师以"丢手帕"的形式让孩子们找到歌曲的节奏感。孩子们围成一个圆圈，其中一名学生拿着手帕跟随音乐的节奏围绕圆圈跑动，其他学生有节奏的拍手，每到歌曲唱到"手帕"时，跑动的学生停下并把手帕扔到一名同学的身后。用做游戏的音乐活动方式来体验音乐，让低年级学生充分感受歌曲的节奏感和律动感。在学生更快掌握歌曲旋律的基础之上，结合奥尔夫音乐教学法，通过拍手、做游戏的活动培养学生的乐感，特别是节奏感，能够更为积极地融入音乐情境，让低年级学生以这种方式更好的体验音乐，也是提升低年级学生审美情趣和能力的基础。

音乐教学实践，是音乐教师引导学生充分参与到音乐校本课程的实践活动之中，切身感受到音乐所带来的情感。此外，学生可表达自身的感受，与音乐教师多沟通交流，让孩子们激发出审美的潜力，从而培养审美情趣和能力。

2. 与舞蹈表演相结合的情感体验

培养学生的音乐核心素养重在"感知性"。在低年级的音乐课堂中，通过舞蹈、表演的形式结合音乐创造情境，可以生动鲜明的引导低年级学生感悟歌曲的内涵，针对不同的歌曲和不同的情绪在表演中表达情感、抒发情怀，培养孩子正确的价值观念。例如：兴城市 N 小学四年级某班的音乐校本课堂中，音乐教师进行《团结就是力量》的音乐情感体验，以分组排练小型舞蹈和小型歌剧的方式创造情境。这首歌曲重在感悟歌曲所表达的情感，教师借助多媒体工具播放歌曲的历史背景，词曲作者想抒发的是怎样的团建、爱国情怀。通过舞蹈、表演的方式可以极大的调动低年级学生的兴趣，并且拓展了孩子对舞蹈和表演的兴趣，三者结合感知音乐，培养了学生的爱国情怀。

（三）中学审美感知培养

高中音乐情感的培养与小学不同，尤其高中生在各个方面已相对成熟，高中的情感体验教学可以通过音乐鉴赏、音乐实践活动的方式让学生体验和感知音乐。高中的情感体验重在育人功能，在音乐的情境下陶冶情操、提升文化素养、促进身心健康、树立正确的价值观、提升审美能力，对实现自己的人生价值起到桥梁作用。

音乐鉴赏课是高中生审美感知培养的重要途径，情感的抒发是音乐作品的灵魂所在。学生在欣赏音乐作品的过程中把握作品的大致风格，把握作品塑造的人物形象的人格和情感，从而提升学生的鉴赏能力、感知能力和创造力。例如：在《琵琶行》的音乐情感体验教学中，音乐教师以鉴赏的方式创设情境，首先利用多媒体教学辅助用具播放《琵琶行》，同时介绍白居易的《琵琶行》作品背景。此曲通过表现琵琶女弹奏琵琶的高超技艺和她的不幸经历，揭示了当时人才埋没、民不聊生的腐败社会。抒发了诗人的愤懑之情。学生通过对音乐作品背景的了解，从而加深了对作品的感悟能力和理解能力，将抒发的情感和内容相结合，加强了对音乐作品的情感体验，从而提升学生的艺术修养和审美感知。

二、实践能力

音乐实践能力是学生发展音乐核心素养的重点和难点。在高中课标版的《高中生音乐核心素养》中提到，音乐实践能力是高中生参与音乐实践活动的条件和应具备的能力。音乐实践能力包括音乐鉴赏能力、音乐表现能力、音乐交流与合作能力、音乐创造能力四个方面。

音乐鉴赏能力是高中生提高音乐实践能力的核心，音乐鉴赏能力包含音乐欣赏能力和音乐审美能力两大方面。音乐欣赏能力是音乐审美能力的基础。

（一）"听觉体验"——"心灵体验"

在鉴赏一个优秀的音乐作品时，首先要对音乐作品有一定的感受能力，这种感受应建立在"听"和"想"，即听觉体验的基础之上，而对于音乐作品的感知和领悟是一种心灵体验。提升音乐欣赏能力到提升音乐审美能力的过程就是提高听觉体验到心灵体验的过程。对作品的情感表达产生于对音乐的理解和价值评判，结合自身的想象和联想，以主观情感体验对作品做出评价，从而提高学生的音乐鉴赏能力。如鉴赏古筝曲《渔舟唱晚》，欣赏乐曲：

第一乐段抒情悠扬的慢板、第二乐段速度的加快、第三乐段的快板。感知音乐：乐曲三段节奏和速度对比强烈，表现力强，乐曲具有中国传统山水画的意味。乐曲高潮部分更能营造出渔舟近岸、渔歌飞扬的热闹情境。一堂音乐鉴赏课中，在了解作品背景的前提下，首先是欣赏音乐作品，音乐欣赏能力取决于听觉体验。音乐教师应引导学生掌握如何去听、怎样去听、带着问题去听的本领，多听、多想是必不可少的。欣赏作品不是只听一遍，而是每一遍的欣赏过后都应有不同的感受和看法，如作品的速度变化、情绪变化、音色变化等。音乐审美能力是从人对音乐的情感表达层面上升到对音乐所表达的思想情感领悟层面的过渡。欣赏作品之后，学生要对作品有心灵体验即音乐审美。高中的音乐鉴赏课就是贯穿于音乐欣赏和音乐审美之中的，在这个过程中提升音乐鉴赏能力，提高学生的音乐素养。

（二）多体裁的音乐鉴赏

提升学生音乐鉴赏能力的方式可以通过社会音乐实践活动如音乐会和日常生活中的电视、电影、视频、唱片等方式逐渐培养学生的音乐欣赏能力、音乐审美能力。日常的音乐欣赏作品的体裁多种多样，中国古典乐曲中，同一首乐曲可以由多种乐器奏出，如中国古典乐曲《渔舟唱晚》，通过古筝、竖琴和二胡不同的乐器独奏，不同体裁演奏出的同一首曲子可以让学生有不同的听觉感受；国外作品《d小调托卡塔与赋格》由西洋管弦乐队演奏和管风琴演奏的效果也截然不同。听觉上的刺激也可以增进学生的兴趣和音乐的感悟能力。

（三）提升音乐表现能力

从古至今，在人类历史发展的过程中，音乐或是用于祭祀神灵使人们获得平安祥和，或者为巩固统治地位的礼乐制度，究其根源，音乐是实现和表达人类情感世界和想法愿望的一种重要的途径，而音乐表现是展现人们心理审美过程的重要方式。人们以音乐为媒介，把对音乐的兴趣、表现音乐的艺术形式、音乐的情感体验结合在一起，抒发人的内心情感和对音乐作品的感悟。音乐表现是人们以音乐为主体，运用"唱""奏"的方式进行音乐表达、展现自我音乐审美情感。音乐表现是人们对音乐作品的诠释与表达，而表达诠释音乐作品建立在对音乐作品的体验和理解感悟之上，是对音乐作品的综合把握。

（四）演唱能力

中小学音乐表现能力的培养包含演唱能力、演奏能力以及识谱能力和综合表演能力四个方面。其中演唱能力是中小学音乐表现能力培养的重点，是要求学生熟悉歌曲的歌词旋律和风格特点，并且能正确把握节奏和速度，结合歌唱技巧表达歌曲的情感意境的能力。学生的演唱能力也主要体现在歌唱的技巧，如气息的平稳、准确的音高；还有表达歌曲情感，如乐感、形体的表现。良好的歌唱技巧可以更好的表现音乐作品的艺术感，使听者被更好的带入歌曲的意境之中。

（五）演奏能力

中小学音乐表现能力中的演奏能力大多是指乐器的演奏能力，对音乐作品的正确理解结合良好的乐器演奏技巧，使肢体和情感能够协调统一。目前，中小学的乐器教学是音乐课堂必不可少的组成部分。器乐教学的实质是通过演奏乐器来表现音乐，在乐器的学习过程中，不仅促进了学生的协调能力的开发，而且可以提升学生识谱读谱等音乐技能的能力，从而提高学生的音乐素养。

（六）识谱能力

识谱能力是学生对音乐知识与技能学习效果的一种体现。学生的音乐知识和音乐技能打下良好的基础，就会在识谱能力上有所表现。识谱的能力是演唱能力和演奏能力的重要辅助能力，是体现学生音乐能力与素养的表现。《新音乐课程标准》强调了培养学生的实践能力包含了学生的识谱能力。乐谱是音乐的载体。学生的能力展现是通过乐谱作为媒介演唱和演奏出来的。

（七）综合表演能力

"综合表演能力是指学生主动、自信、有表情地参与律动、集体舞、音乐游戏和简单的音乐剧、歌剧、戏曲、曲艺等综合艺术表演活动的能力"。德国的奥尔夫音乐教学法中提到，音乐是与舞蹈、动作、语言结合在一起表达出来的综合艺术，而不是单独的音乐。对中小学的综合表演能力培养，应让学生有兴趣的参与到综合艺术表演之中，音乐教师应激发出学生自我表现的欲望，发挥个人专长，展开想象与联想，从而提升学生的表演能力和音乐创造能力。

（八）提高交流与合作能力

交流与合作学习是音乐教学中重要的方式之一，学会合作、充分交流协同努力可以使学生在音乐的学习中事半功倍。合作教学，在师生、学生之间的相互交流下，进一步升华了课堂教学的效果。"交流与合作"并不是拘泥于"为交流而交流，为合作而合作"的形式。

学生音乐的交流与合作能力的培养要围绕"知识性""表现性"和"社会性"三个角度。"知识性"是学生在学习音乐知识与技能的过程中，以学生分组讨论式互助学习或师生讨论的方式，对于问题进行探索、修正和补充。"表现性"如学生合唱队、乐队中要讲究学生之间的相互配合，每个学生不但要把握好自己的歌唱或演奏的部分，同时也要掌握好整个队伍的配合和表现效果。"社会性"体现在合作教学中，除了建立良好的师生关系之外，学生与学生之间的合作与交流也是一种社交手段，学校也是一个小型社会，在合作交流的过程中不但提高了学生的实践能力，还培养了学生的社交能力。

（九）提升音乐创造能力

培养学生的音乐创作能力，从根本上看，是一种对音乐思维能力的提升。通过激发学生的兴趣和好奇心培养想象力；激发联想和变通能力培养创造力。《新音乐课程标准》中也阐述了社会的发展动力归根于创造，创造力可以体现音乐学科教学的育人价值，发挥人的联想、想象和思维潜力，在音乐创作的过程中积累经验，培育创新型人才。中小学的音乐教育中，音乐鉴赏、演唱、演奏和创作是重要的学习组成部分，前三部分发展较好，而音乐创作是我国中小学音乐教学中有所缺失的组成部分。以兴趣为导向培养学生的音乐创造能力是根本，赋予音乐一个新的生命，结合音乐鉴赏课、演唱歌曲、演奏乐曲等音乐课程和音乐实践活动，教师要充分引导学生的想象力，启发学生表达个人的理解和看法。音乐创作除了作曲，还包括培养学生的音乐思维，如乐器制作方法、什么乐器与乐器的结合有更好的音色等发散性思维。

三、文化理解

文化是非常广泛且具有人文意义的概念。音乐文化理解是一种社会人文素养，广泛的人文内容是指风土人情、文学艺术、价值观念、审美情趣等多方面，在音乐核心素养的框架中，文化理解是认知音乐的表现形式和与其密切相关的传统文化、民族文明和反映出的时代精神。

（一）民族音乐文化

在中小学音乐的课程中，无论是国家课程、地方课程还是校本课程，民族音乐是重要的组成部分，它与我国悠久的中华传统文化密不可分。我国的民族音乐体现了中华民族的文化、精神和追求，民族音乐与传统文化交织在一起，并以多姿多彩的形式折射出我国的传统文化，又深深植根于我国悠久的传统文化中。

如古琴，它是中国传统的拨弦乐器，它是汉族最早的弹拨乐器，是我国民族文化的瑰宝。课堂上讲解古琴构造、中国传统五声音阶和常用调以及弹奏方法等基础知识，实际上是传承中国文化的一种方式。通过这样的形式将音乐校本课程内容与音乐核心素养相结合，不但完成了既定的教学目标，更重要的是文化理解的渗透，在音乐教学中也丰富了学生的文化内涵和素养。

（二）中西方音乐文化差异

在音乐核心素养中，学生应了解中外音乐表现形式和审美价值、不同的音乐发展背景，知晓音乐与戏剧、舞蹈、诗词等多种校本课程之间的关系和我国音乐发展对社会带来的影响。

中西方音乐发展的差异源于音乐发展背景和音乐表现形式的不同。我国音乐发展可追溯到远古的黄帝时期，音乐的发展历经每一个朝代都会体现当时朝代特征的音乐表现形式，这推动了中国音乐发展的历程，但是在我国古代的各时期，音乐与舞蹈、诗词三者密不可分，《乐记乐象篇》中说："诗，言其志也，歌，咏其声也，舞，动其容也，三者本于心，然后乐器从之。"可见，音乐与舞蹈、诗词三者的相互关联，如唐宋时期之后兴起的戏曲艺术就充分体现了三者的有效结合是我国古代重要艺术的表现形式。

受中西音乐发展背景的不同，两者在音乐表现形式方面也存在差异，最为明显的是体现在乐器上。我国几千年来的民族音乐表现出的审美价值形成了单声织体体系，而西方音乐往往以和声、复调、旋律来表达音乐。中国民族乐器分为拉弦乐器如高胡、京胡、二胡、中胡、板胡、马头琴等；弹拨乐器如柳琴、琵琶、阮、筝、三弦等；吹管乐器如笛子、箫、笙、巴乌等；打击乐器如编钟、云锣、堂鼓、梆子等。西方的乐器分为弦乐器如吉他、竖琴、小提琴、中提琴等；木管乐器如长笛、萨克斯、双簧管、单簧管等；铜管乐器如小号、短号、长号、法国号等；打击乐器如定音鼓、木琴、铁琴、管钟等。中西方在乐器方面的差异主要源于对音乐的理解、认知、观念、环境、价值取向等因素，因此意识形态的不同是中西方对音乐审美价值差异的根本所在。纵观中西方音乐发展史，社会制度、思想和经济发展共同决定了中西方审美价值的不同。中西方历经了原始社会、奴隶社会、封建社会至今，中国的社会主义社会不同于西方的资本主义社会，不同的社会制度在很大程度上影响着音乐的类型以及人们对音乐的审美价值。在思想上，我国尊崇儒家、道家，而西方以文艺复兴为标志掀起了思想运动，这与民族思想和文化的发展息息相关，音乐是思想和文化的一种表达形式，随着时代的发展，两者在审美价值方面产生了较大的区别。社会制度的不同影响着中西方经济的发展，经济基础决定着上层建筑，经济发展的进度不同，因此音乐的发展也是有差异的。

音乐核心素养是我国音乐教育发展的趋势走向，它立足于学生综合且均衡的可持续发展。对于学生音乐核心素养的培养，应始终以"审美感知""实践能力"和"文化理解"为必然要素，在学生音乐课堂学习的过程中，以学习音乐知识、提升审美能力为基础，注重学生理解音乐课程内容中的相关人文文化，在参与音乐实践活动和体验音乐情感的同时，更好的激发学生的想象力、创造力和创新意识，从而使学生在校园的学习生活得以全面协调的发展。

四、从音乐核心素养到音乐校本课程

面对时代的发展，激烈的竞争，基于音乐核心素养下的音乐学科教学应更加注重培养的是，可以让学生更好的适应社会以及面对社会带来的挑战的能力。音乐核心素养的提出到实施，并没有从根本上推翻对学生音乐培养的大方向，是一种基于原有内容的加强和改进的培养目标，是当今中小学音乐学科教学中不可缺少的组成部分，是促进学生发展成为"全面发展的人"不可缺少的素养。

目前，音乐核心素养在一些学校中已经成为一种"音乐培养目标"，贯穿在学校的音乐教学和校园文化之中。它们以音乐校本展演活动，来体现学校的特色教学理念，这些音乐实践活动的开展，在丰富课堂内容的同时，也丰富了师生的校园生活。

通常来讲，尽管我国的课程系统千差万别，但是要想形成一个良好的课程结构，则需要把"思想性"和"观念性"具体化，从而形成课程编制的程序与步骤。音乐学科同其他学科一致，课程的编制通常需要 4 个步骤即课程目标确定——课程内容选择——课程内容实施——课程评价。课程目标的确定是课程编制步骤中最为关键的一步。确立的课程目标就像确定音乐实践活动中的主题与核心，这个"主题"就是音乐校本课程开发中的内核，是一种素质的培养。

"主题"的选择要依据当今时代的背景下，学生的社会参与应具备的能力的培养；应选择促进学生增强人文底蕴、科学精神的内容；可引导学生逐渐走向自主独立发展的内容；内容应走向"国际化"，可结合国内外相关内容对比借鉴学习的内容。从音乐核心素养到音乐校本课程，也是"目标素养"到"课程素养"的有效转化，结合音乐实践和对目标素养的思考，开发音乐校本课程。从音乐核心素养到音乐校本课程的过程中，不止是对课程内容的具化和细化，更多的是在音乐校本课程中实现学生要培养的"目标素养"。

学生音乐核心素养的培养是以"学生发展"为中心的，结合当今中小学生成长与发展的特点和适应社会应具备的素养和能力，在音乐校本课程的不断实施中进行调整和改善，将实现培养学生音乐素养、培养"全面发展的人"为最终目标。音乐校本课程作为学校音乐课程中的组成部分，开发的意义更多的是基于国家音乐课程和地方音乐课程的局限部分，结合不同地区学生的学习特点，具体性、针对性的对音乐校本课程进行研究和开发。

一些学校的音乐校本课程开发仍处于无体系状态，音乐校本课程的开发过于形式化，或是音乐教师并没有开发和研究校本课程的能力等问题。相反，也有很多学校能够研究并开发符合地区发展特点、展现本校办学特色的音乐校本课程，并形成大致的校本课程体系。

显然，音乐教师是音乐校本课程的开发和发展的主力军，中小学音乐教师也应具备研究校本课程、开发校本课程和实施校本课程的能力。在发展学生音乐核心素养的框架中，目前的音乐校本课程仍需调整、改进和完善，在音乐校本课程的内容筛选之外，确定每一节音乐校本课程的"主题"尤为关键，将"目标素养"在校本课程的实施中转化为"课程目标"，音乐教师要积极的参与到音乐核心素养框架的推进中来，切实将音乐校本课程与素养理念相结合，在提高教师个人能力的前提下，推动音乐校本课程的改革与发展。

第二节 小学音乐核心素养的特征

小学音乐核心素养不仅包括学生在音乐学习中掌握的音乐知识与技能，而且包括音乐审美、表达、实践参与等多方面素质和品格，主要表现为以下特征。

一、多元性

音乐素养不由单一的音乐要素构成，而是由旋律、节奏、力度等多项音乐要素的整合，且多项音乐要素相互之间相互交叉融合、密不可分。例如，学生往往是在感受音乐、体验音乐、理解音乐的基础上形成音乐基础知识与基本技能的能力，进而提升学生的音乐审美能力和创造能力。又如，学生的欣赏能力有助于学生音乐表现能力的表达，学生的音乐表现能力又有助于学生审美能力的提升，二者相辅相成。学生不仅需要了解音乐的艺术形式和音乐文化特征，如声乐、器乐等，还需要了解音乐与其他艺术的关系，理解音乐发展与社会发展的相互影响。此外，在音乐学习的过程中，学生还会逐步掌握探究学习、合作学习、创造学习等一系列学习能力，这些能力也将是学生综合素养获得的重要途径。

二、实践性

音乐核心素养的获得是通过聆听、演唱、演奏、综合性艺术表演和音乐创编等多种实践活动来实现培养音乐能力的目的的。实践性并非指只注重音乐技能技巧训练的专业音乐训练，而是兴趣与实践相结合的音乐体验过程，只有通过音乐实践的音乐体验，音乐思维和音乐操作才能内化为能力，这些能力的获得才会形成学生的音乐核心素养。

第三节　小学音乐核心素养的理论模型构建

音乐核心素养以满足个人和社会发展需要为目标，以音乐基础知识、基本技能以及形成的对音乐的感知、欣赏、表现、创造的素质和品格为核心。本文以《中国学生发展核心素养》内容为指导，根据众多有经验的名师——如教育部基础教材音乐教材审查委员冯巍巍教授、山东省特级教师宋瑞兰老师等的理论支撑，再加上我们在小学音乐教学的十年经验，比较赞同将音乐核心素养分为文化基础、自主发展、社会参与三个层级，但是又由于我们的教学经验不足，个人能力有限，所以我们所提出的理论不一定完全正确，还有待进一步考证。

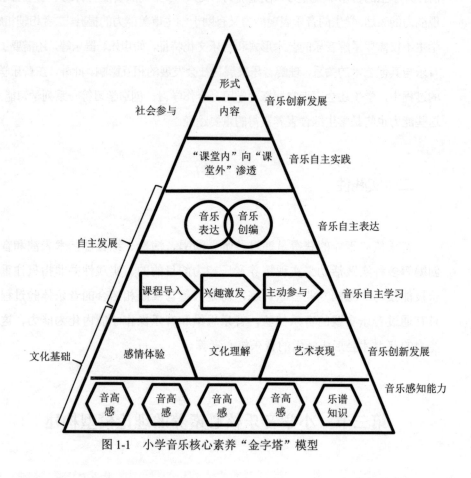

图 1-1　小学音乐核心素养"金字塔"模型

　　本文以《中国学生发展核心素养》内容为指导，将音乐核心素养分为文化基础、自主发展、社会参与三个层级，结合音乐的学科特征和小学生认知特点，又将音乐核心素养这三个层级细分为音乐感知能力、音乐审美能力、音乐自主学习、音乐自主表达、音乐实践能力和音乐发展创新六个方面，如图 1-1 所示。音乐核心素养总体呈现一种"金字塔"结构，其形式表现为核心素养由低级向高级，由简单向复杂深入发展。

　　小学音乐核心素养"金字塔"模型是核心素养与小学音乐学科的有效结

合，它将核心素养的总体素养与具体学科内容融合起来，充分体现学科特点，为小学音乐学科教学和学生培养提供了理论基础。从具体内涵来看，小学音乐核心素养主要包括以下几个方面：

（1）文化基础

文化基础是指小学音乐课程中学生应掌握的基础音乐知识和能力。包括音乐感知能力和音乐审美能力两个方面的内容。音乐感知能力主要是指对音乐构成的各种基本要素的听辨。如音高、力度等。这些音乐要素的辨识是音乐整体感知的基础。培养小学生对这些音乐基本要素的辨识，是帮助他们进入音乐感知的第一道门槛。同时，对音乐的感知伴随着音乐的情感体验，这是培养学生音乐审美的重要途径和基础。音乐审美能力是在听觉感知的基础上积累音乐审美经验的过程中逐渐形成的，包括情感体验、文化理解和艺术表现等。情感体验伴随着音乐要素和欣赏者本人已有的生活经验，是比较浅显的要获得完美的艺术享受。综上，音乐感知能力是一切音乐素养的基础，音乐审美能力是对音乐感知能力的升华。

（2）自主发展

自主发展是指学生积极主动地进行小学音乐课程的学习，在学习基础上通过自己吸收知识创造性的进行个性化展示。自主发展包括学生的自主学习和自主表达，具体表现为学会学习、学会表达。自主学习是学生自我发展的需求，是其内在的、主动的学习，与传统的接受学习不一样。在音乐学习的过程中，学生始终是学习的主体，无论是知识的获得还是情感的培养，都是学生自己体验的结果，音乐自主学习强调是在老师的启发引导下，学生产生兴趣并主动参与学习。自主表达是在自主学习的基础上，将学习成果通过个体创造性的展示出来，主要体现音乐表达、音乐创编两种形式，这样的"表现"能充分展示学生的"个性"，尽量激发学生内在感受美、外在表现美和创造美的能力。通过学生的音乐表达，丰富学生的经验，提升学生的技能，并使他们体验自主表达的快乐。

（3）社会参与

社会参与是指学生具备的与音乐运用相关的社会实践和对音乐进行创新的能力，体现了学生的社会责任感和对音乐实践创新的贡献。社会参与包括音乐实践能力和音乐发展创新两个方面。

　　小学音乐核心素养以培养"全面发展的人"为核心，其中，文化基础是学生的学科知识积累和文化底蕴，从而形成积极科学的人生观，这也是个人能力素质的知识基础；自主发展更强调学生自身形成的自律精神和学习发展意识，这是个人能力素质的内在要求；社会参与则更注重培养学生的责任担当，让学生始终明白自己是一个"社会人"，懂得自己承担的社会责任，从而在社会发展中实现自我价值，这是个人能力素质的价值体现。

第二章　核心素养视角下的小学音乐教学现状调查

第一节　核心素养下的小学音乐教学现状调查

在音乐课程标准（2011版）中其实已经存在关于音乐学科核心素养培养的内容，而当下实际的小学音乐教学都是在课标的引导之下来实施的，所以音乐学科核心素养的培育可以说是在不知情的情况一直在进行中。为了了解目前小学音乐教学中音乐学科核心素养培育的实际情况，分析其中存在的问题，并做出归因分析。本研究运用问卷调查法、访谈法和观察法，对武汉市两所小学的音乐教学进行现状调查。研究对象主要是小学音乐教师和小学的学生。

一、调查对象与过程

（1）选择光谷七小的理由

武汉市光谷第七小学位于光谷二路，是一所教育部所属的公立小学。于2016年8月建校。学校在岗教师90人，34个教学班，学生近1600人。专职音乐教师有5位，音乐教育水平处于高新区的中等位置，具有一定的代表性。

（2）选择南湖二小的理由

武昌区南湖第二小学位于南湖雅安街 3 号，是南湖地区创立最早的学校。现有教学班 38 个，学生人数达到 1724 名。音乐专职老师一共有 6 位，聘用教师 2 位，曾获得武昌区合唱比赛第一名，合唱团经常外出演出，音乐教育水平在武昌区属前列，具有一定的特殊性。

二、调查问卷的设计与实施

本次研究中，共设计了两份问卷，分别对小学音乐教师、小学学生进行调查。对小学学生主要采取的是量化研究方法（问卷调查法），音乐教师采用的是质化研究方法（观察法和访谈法）。

（一）调查问卷的设计过程与维度

1.问卷设计的过程

问卷设计的合理性直接影响调查研究的可靠性，为了使问卷调查更具有科学性，在问卷设计的时候我们不仅征求了导师的意见，还邀请一线中小学教师进行了预测，对问卷总共做了两次调整。

第一次调整，问卷最初按照高中音乐学科核心素养设计了三个维度 30 道题目，包括学生的基本情况、每种音乐学科核心素养的实现情况。在征求导师的意见以后，认为按照高中学科核心素养设计调查问卷具有一定的局限性。首先，是针对的学段不一样，不能真实的反映小学学生所应该获得的关键能力和必备品格。其次，高中学科核心素养的内容较为宽泛，与实际教学还存在一定的距离。在导师的指导以及同学的共同讨论下，借助美国核心艺术课程标准的框架，融合了高中音乐学科核心素养建构了小学音乐学科核心素养框架，再以此框架为基础，重新设计出了一份新的调查问卷。此次调整按照艺术过程的创造、表现和理解三方面，重新设计了三个维度，共 40 个题目。

第二次调整，将问卷交给小学的音乐教师进行审视，并选择部分学生进行了试调查。将问卷调查中部分问题表述不符合小学学生的发展状况的进行了修改，再将问卷维度的顺序进行重新安排。

2.问卷设计的维度

问卷调查主要分为两个部分:第一部分为基本情况,这部分主要了解学生的基本信息,并设置了几个基本的问题。第一、二题的目的在于考察学生对音乐的喜爱程度和对音乐课的兴趣。兴趣是核心素养的关键内容,在中国学生发展核心素养中表现为乐学善学(具有积极的学习态度和浓厚的学习兴趣)。第三题是了解学生是否有课外学习音乐的情况,可以作为培养音乐学科核心素养的影响因素。第四题主要是了解音乐课学习的广度,中国学生发展核心素养中指出,学生要尊重世界多元文化的多样性和差异性(国际理解),表现在音乐学科领域,就是学生需要了解不同国家、不同文化的音乐。

第二部分,音乐学科核心素养的培育情况。

(1)学生音乐创造的关键能力和必备品格。

这部分问题的设计目的,主要从学生参与音乐创编、完善音乐作品的程度,学习音乐时的态度及与音乐创造有关的关键能力和必备品格进行了解。

(2)学生音乐表演的关键能力和必备品格。

这部分问题的设计目的,主要从学生选择欣赏和分析艺术作品的能力、音乐知识和技能学习的程度、音乐作品表达感情的水平三方面来了解学生音乐表演有关的关键能力和必备品格的培育情况。

(3)学生音乐感受与理解的关键能力和必备品格。

这部分问题的设计目的,从学生对音乐学科与其他学科结合的理解与运用程度、音乐文化背景的学习水平、音乐生活方式的选择情况、音乐相关信息技术的使用频率来了解学生音乐感受与理解的关键能力和必备品格。

(二)访谈设计与实施

对这两所小学的音乐教师实行了半结构化的问卷及访谈,其目的在于了解目前小学音乐教学中音乐学科核心素养培育的实际情况,以及教师对音乐学科核心素养的态度和看法。

1.访谈内容设计

本文的访谈根据问题的内容可以分为三个部分:第一部分主要是针对核心素养的内涵对教师进行了访谈,目的在于了解教师对核心素养理念的理解程度和对新的教育观点的看法。第二部分主要是针对教师教学行为的访谈，该部分通过对教师的教育理念，教学方式，自我反思三个方面考察教师的教学行为。第三部分是教师对本校音乐教学的反思，以及学校学习环境等对音乐学科核心素养教学实施的影响。

2.访谈对象选择

访谈对象主要是光谷七小、南湖二小的一线音乐教师。分两次进行访谈，一共访谈 13 人。

3.访谈的方式

本研究主要采取非正式访谈与正式访谈两种方式对两所小学的音乐教师进行调查。非正式访谈是指一种类似日常交谈，具有随意性的，访谈者与被访谈者之间自由发挥的，谈论主题和谈论方式均不受已有观念约束的访谈形式。正式访谈是指使访谈的方式逐渐趋于正式的、有焦点的和有特定目的的，研究者基本上仍保持开放式的谈话态度，但较为依循特定的问题或进一步提出结构式的问题，借以搜集有关特定问题或假设的资料。

4.访谈记录的方式

访谈时，我们在征求被访者同意的前提下，对访谈过程进行了全程录音。并在访谈结束之后，及时对录音文件进行文字记录。访谈记录的内容主要包括：访谈时间、访谈对象、访谈主题等。

三、调查结果的效度和信度

（一）问卷的设计依据具有效度

本问卷的设计是以《中国学生发展核心素养》《中小学音乐课程标准（2011版）》《美国国家核心艺术课程标准》等国家文件为理论依据，并且参考了《社会调查中的问卷设计》（第三版）中的问卷设计方法。让问卷既具有权威理论的支撑，又具备一定的可操作经验。

（二）问卷的设计是具有效度的

从问卷设计的第一版到最后问卷调查的实施，本问卷总共经过了两次大的修改。修改意见主要来自两个方面：第一方面是来自导师，第二方面是来自通过预调查之后小学音乐教师给的建议。因此，问卷在经过修改以后更加具有科学性和合理性，使获得的数据更具有准确性和有效性。

1. 问卷实施对象的选择和实施过程具有信度

对调查研究的对象考虑到一、二年级的学生身心发展不够完善尚不具备单独填写问卷调查的能力，所以主要选择三到六年级的学生，使问卷调查的结果更接近真实情况。问卷调查的实施严格按照问卷调查的方法进行，并且采取匿名填写的方式，保证被调查者不会受到其他人的干扰而影响数据调查结果的真实性。

2. 问卷的回收率具有信度

本研究主要调查了武汉市光谷七小和南湖二小的学生。我们经过两次问卷发放，一共发放问卷 550 份，回收问卷 539 份，有效问卷 517 份，有效率 94%，超过了 60%，具有统计学意义。

（三）使用 SPSS 统计分析软件，对问卷调查所获得的数据进行可靠性分析

在统计学的理论中，克朗巴哈系数值的高低代表着问卷调查的可信程度。当系数不超过 0.6 时，一般认为内部一致信度不足；当系数达到 0.7～0.8 时，表示量表具有相当的信度；当系数达到 0.8～0.9 时，说明量表信度非常好。该问卷克朗巴哈值为 0.900，说明本问卷的可信度相当。因为包括了多选，所以项数为 52。

四、现状调查结果描述

在本研究中，主要通过对学生的问卷和教师的访谈两种方式来考察武汉市两所

小学音乐学科核心素养视野下的音乐教学活动的开展情况。本文主要使用 SPSS、EXCEL 等统计软件对问卷调查所获得的数据进行分析和研究，结果如下：

　　调查学校方面主要是想了解学生学习的环境，环境是一个十分复杂的系统，它的好坏能够对音乐教学产生不同程度的影响。为了解上述两所学校的教学环境，我们通过与学校教师的访谈和交流的形式进行了一系列调查。

（一）学校的开课情况

通过调查并分析两所学校的课程表。发现两所学校音乐课的开课数量达到了国家规定。一到四年级每周两节音乐课，五到六年级每周一节音乐课。光谷七小课型为唱歌、欣赏课。南湖二小课型为一节唱歌课、欣赏课，另外一节为器乐（竖笛）课。

（二）教材使用的情况

教材的选择直接影响音乐教学的质量。调查后发现，在教材的选择上，两所学校都使用人民音乐出版社在 2012 年出版的义务教育教科书。在教材的分配上，并不是每个学生都有属于自己的教材。两所学校都采用将音乐教材放置在音乐教室，进行循环使用的方法。这种做法一方面是为了环保减少学校的开支，另一方面是防止出现学生忘带教材或者遗落教材的现象。

（三）教学设备统计调查

教学设备的充足与否同样会对音乐教学产生一定的影响，但是这个影响不是最根本的。设备的主要目的是辅助教师更好地进行音乐教学，也可以使学生更多的参与到音乐教学活动中来，丰富他们的情感体验。促进音乐学科核心素养的培养。

第二节　小学音乐教学现状的问题分析与对策

本文通过问卷调查法、访谈法和观察法等研究方法，了解到目前两所小学对学生音乐学科核心素养的培养既存在优势，又存在劣势。我们将从学校、教师、教学三个方面指出问题，并分析问题形成的原因。

一般来说，学校对音乐课程的开课情况、音乐课外社团活动的开设情况、音乐教学器材的配备情况以及音乐教师团队的建设情况都已经取得了一定的成就。但是学生的音乐学科核心素养的培育状况仍然不够全面，这与学校的管理有着不可分割的联系。我们通过与教师的访谈之后，认为在学校方面可能影响学生音乐学科核心素养培育状况的因素有如下两点。

一、学校在音乐课程设置上不合理

虽然在最近几年，我国逐渐颁布了许多有关艺术教育的纲领性文件，以此强调美育以及核心素养对人的全面发展的作用。但是有关部门和学校领导并没有认识到音乐教育在学校教育中的重要性。往往只将音乐课当成"副科"或者认为音乐课是技能课，只在乎合唱团、乐团的获奖情况。忽视音乐课对人的培育的作用，导致音乐课流于表面，让音乐教师的教学工作开展得举步维艰。

通过调查和访谈后我们发现，目前两所学校的音乐课仍然以唱歌为主。在音乐学科核心素养的内涵当中，唱歌只是完善音乐表现素养过程的一部分。同时音乐课程标准中也指出，音乐课程内容的领域除了演奏和演唱之外，还包括音乐创作、音乐与相关文化、感受与欣赏等。可见学校在对音乐课的课程安排方面并不是十分合理。

我们对教师访谈的内容进行分析后，认为造成这个现象的主要原因有如下两点。

（一）传统音乐教学观念的根深蒂固

学堂乐歌是我国学校音乐教育的开端，从那时起唱歌教学就伴随着我国的音乐教育一直发展至今，其影响早已深入人心。虽然我国的音乐教育观念早已经度过了注重知识与技能教学的"双基"时代，但是由于"三维目标"和"核心素养"的发展时间并不长，还不足以撼动"技能"在人们心中的形象。所以，导致如今的音乐课程安排依旧重技轻艺，无法做到全面培养学生的音乐学科核心素养。

（二）应试教育背景对音乐教育的影响

这里的应试教育背景的影响并不是指学校由于太注重学生的文化成绩而削减音乐课的课时量的这种现象。相反两所学校都按照课标的要求开设了足够的音乐课时。只是两所学校把音乐课程的学习当成了"应试"，简而言之，就是学习音乐的目的只是为了应付考试。两所学校的音乐考核方式主体都是背唱所学的歌曲，导致音乐课的主体也只是唱歌。

二、学生音乐学科核心素养评价机制不健全

学生音乐学科核心素养的测评是检测学生学习的状况，提高学生学习热情、激发学生创新精神的重要举措之一。教师在通过测评以后能够对学生的学习状况有一个全面的了解，更有利于教学质量的提高。但事实上，目前中小学的音乐课的测评仍处于一个尴尬的境地，每个地区甚至每个学校的评价标准和评价形式都不一样，这大大阻碍了音乐课程的正常实施和音乐教育工作者的积极性。

在我们所调查的这两所学校中，他们的测试方案主要是在学期中和学期末对课堂所学的歌曲进行抽查，其中一所学校会对一个年级的学生进行调考，采取的考试形式是笔试，考试内容为基本乐理知识。这仅仅只能考察到音乐学科核心素养里面的音乐表现素养和音乐文化理解素养的部分内容，是无法准确判断学生音乐学习的整体情况的。在义务教育阶段的音乐课标中，指出评价的方式与方法有三种：第一种形成性评价与终结性评价结合，即通过对日常学习成果与学期末的测验成绩相结合。第二种定性述评与定量测评相结合，也就是实践与理论学习成果相结合。第三种自评、互评相结合。我们所调查的学校也只是使用了其中的终结性评价而已，是没有达到国家所要求的标准的。我们通过分析与教师的访谈后认为，导致学校对学生音乐学科核心素养评价机制设置不健全的主要原因是涉及音乐课程评价的因素太过复杂。以我们拟定的音乐学科核心素养框架而言，其中就包括了三个素养以及十个

确定目标。这并不是学生演唱一首歌曲，或者完成一张试卷就能够完全体现出来的。但是如果盲目的增加评价环节又会对学生的学习造成一定的压力，同时对学校组织评价程序也是一个挑战。

因此，完善中小学学生的音乐学科核心素养评价标准迫在眉睫。只有完善了评价标准，才能够使音乐课程的学习进入一个良性循环中。学生提高对音乐课程的认识，乐于音乐的学习和反馈，由此激发教师的教学热情，促进教师能力发展，从而更好地促进学生德智体美劳全面发展。

三、教师方面存在的问题

（一）资深音乐教师缺乏

音乐专职教师队伍的缺乏一直是我国音乐教育事业存在的重大问题之一。在我们进行调查的两所学校，由于各部门对音乐教育的重视，在人才配备方面的结果还是令人欣喜的。通过访谈后我发现，两所学校大部分的专职音乐教师都是在最近的几年逐渐配备的。

（二）音乐教师对音乐学科核心素养理解不全面

在访谈中我们了解到，部分教师误以为核心素养的培育就是思想品德教育，这是混淆了素养与涵养的内涵造成的。还有部分教师已经了解到核心素养的含义就是需要培养学生最关键的那部分能力。但是他们却不容易分清哪些才是音乐教学内容的核心所在。导致音乐学科核心素养的培育得不到落实。

中国学生发展核心素养框架从发布至今已有三年的时间了，而且在中国教育十大热点话题中，核心素养也是屡次出现。但是一线教师对核心素养概念的理解却并不全面。这不仅是学校的责任，更是教师自身的责任。

造成这些问题的原因主要有：一是音乐师范教育的局限性，在音乐核心素养以及音乐学科核心素养的培养上，高师音乐教育与中小学教学实际相脱离。二是音乐教师自身不断发展的自觉性不强，终身学习能力提升不够，不能满足教学需要。三是学校提供教师的学习机会不充分，经济与制度保障不得力。

（三）教学方面存在的问题

从调查数据中显示，两所学校对学生音乐表现素养的培养已经获得一定成就，但是在音乐创造素养和音乐文化理解素养的培养方面仍存在一定问题。

音乐创造教学是音乐教师培养学生对艺术的想象力和创造力的根本途径。习总书记在世界公众科学素质大会上指出，创新是引领发展的第一动力，在面对国际之间竞争时，创新性人才永远都是各国所迫切需求的。

（四）音乐文化理解教学不全面

义务教育音乐课程标准中指出，音乐不仅仅是人类通过音响表达思想感情的听觉艺术，更是人类文化的一种重要的载体，它蕴含着丰富的文化历史内涵。然而许多音乐课，只重视音乐的技能技巧的教学，忽略了对音乐文化理解的教学。其实任何事物只要谈到文化就好像很难讲清楚一样。一般来讲，文化的内涵广义指我们人类物质文明和精神文明的总和。

狭义的文化是指社会的意识形态以及与之相适应的制度和组织机构。从音乐的本质上来看，音乐艺术就是人类文化的一种形式，它包括了物质基础、社会制度以及意识形态等各方面的一个综合体。音乐的文化内涵所包含的内容早已经远远超过了音乐艺术的范畴。往往我们在音乐教学的时候常常认为学习一首歌曲或者欣赏一段音乐，仅仅需要唱准这首歌的音准节奏，或者理解这段音乐的曲式结构等就足够了，虽然这些确实非常重要但实际上对于真正理解音乐却远远不够。

大部分教师把文化理解为在音乐教学的时候介绍一下歌曲创作的背景或者作曲家的生平等，但这仅仅只是音乐文化内涵的一部分。音乐文化理解其实是给学习者理解音乐提供一种新的视角，这个视角是我们不再以音乐本体（旋律、节奏、和声等）为标准判断一首音乐的价值，而是探求音乐背后所蕴含的社会背景、生态环境、社会心理、伦理道德、科学等方面的更加深层次的意义和价值。

随着经济现代化、全球化的快速发展，使得全球各个民族文化也开始互相交融。文化理解已经不仅仅只要求对本土文化的理解，还需要培养学生多元文化的体验。就音乐教育而言，音乐学科核心素养需要理解音乐文化的多样性，同时要凸显本民族音乐文化的传承与发展。也就是习近平总书记提出来的文化自信。综观全球五大音乐教学法，它们每一种都是建立在本民族的音乐文化基础之上的。这其实说明任何一种文化都必须要有自己的"根"，这样才能在面对外来文化挑战的情况下，坚守自己赖以生存和发展的家园。

作为一名中小学的音乐教师需要不断的审视自己，提高自己，以此来面对即将到来的机遇和挑战。

（五）学科综合教学不丰富

在我们构建的音乐学科核心素养框架中，音乐文化理解素养的内涵中就包括了理解音乐与其他学科。在义务教育阶段的音乐课程标准中同样也提到了音乐课的课程理念就是需要突出音乐特点，关注学科综合。由此可见，理解学科综合的意义有助于培养学生的音乐学科核心素养，但是在我们所调查的数据中，可以看出学校的大部分学生认为音乐课程对于其他学科的学习并没有太大的帮助。事实上音乐是一门交叉性十分强的学科，例如乐理知识中包含一定的数理知识，对歌曲背景的学习与歌词的理解需要一定的语文功底，等等。产生学科综合教学不丰富的问题的主要原因在于教师。教师作为教学的实施者，肩负着传授知识的重任。在教学的时候选择恰当的知识组织方式对教学效果有着重大的影响。传统的灌输式的教学方式，既无法提高学生对音乐学习的兴趣，又会降低教师教学的积极性。采用学科综合的学习方式，不仅可以使学生感到新颖提高好奇心，还可以利用学习迁移的优点提高学生的学习效率。

在义务教育阶段的音乐课中指出，音乐学科的学科综合形式包括三种：第一音乐课程内部不同教学之间的综合，第二音乐与姊妹艺术的综合，第三音乐与艺术以外的其他学科的综合。目的是通过对不同类型课程的综合，来拓宽学生的艺术视野。

在访谈中我们了解到，教师们很早就认识到了学科综合理念的优点，但是实施起来却十分困难。有时候教师精心设计出来的综合课程不但没有收到预想的结果，反而使得教学效果更差。产生这种情况的主要原因还是音乐教师对学科综合的教学理念理解不够全面。导致在教学的时候刻意去进行学科综合的教学。在没有深层理解学科综合理念的情况下盲目的教学，会使得教学目标分散，忽略音乐的主体性。整堂课下来都在对非音乐的部分进行讲解，教师不知道自己要教授的重点是什么，学生听得也只能是一头雾水。这样的教学，既阻碍了对学生审美情感的培养，又会使学生丧失对音乐的兴趣，让往后的音乐课很难开展下去。

要解决这样的问题，首先要明确基于音乐学科核心素养的音乐学科综合教学应该是以音乐为本位，综合为手段来进行设计的。在进行教学之前，需要根据学生发展的具体情况来选择所要综合的学科。然后根据教学需要安排好各科在课中所占用的时间，再将其穿插在各项音乐活动之中，做好起承转合，突出教学重难点，让教学具有统一性。通过融合其他学科，来提高学生的兴趣，拓宽学生的知识面，帮助他们更好的理解音乐。

四、消除学科歧视，营造音乐学科核心素养培养环境

目前，就音乐教育来说所面临的最大的困境是，人们对音乐课程的不重视所导致的学科歧视。这种情况严重影响了音乐的学习和音乐学科核心素养的培养。想要扭转这样的局面，只有从根本改变大众的看法，让音乐回归本位。对于一所学校来说，需要给予音乐课充足的课时，让学生能够充分享受到音乐的乐趣。为音乐教学提供必备的教室、多媒体、乐器，等等，为学生的学习创造良好的学习环境。开设一定数量的音乐兴趣课外活动，给予学生更多体验音乐，表现音乐的机会。只有学校加强了对音乐教学的重视，才能够提高音乐教师的教学积极性，最后推进学生的音乐学科核心素养的培养。

五、拓宽核心素养视野，促进教师专业发展

从教师专业发展的角度来看，教师作为专业人员，需要通过不断的努力和学习来发展自己、充实自己。

（1）音乐教师要更新教育理念，在核心素养时代，教师们需要全面认识核心素养在音乐教育中的组织和培养，仔细思考我们应该如何通过音乐课来实现人的全面发展，认清音乐课的优势所在，并积极投入到教学实践中。

（2）重点加强对教师进行音乐创造教学方面的培训，让教师准确理解音乐创造的理念，在全面掌握音乐创造教学知识的同时，更多地开设奥尔夫等各大音乐教学法的展示和交流平台，供教师进行交流学习，不断提升教学能力和水平。

（3）还要培养教师的反思能力，不断提高自身的职业素养，养成终生学习的习惯，以应对未来的教育事业。

六、加强家庭教育，促进学生全面发展核心素养的形成

学生音乐核心素养的培养，对于音乐教育而言，如果仅仅只是学校和老师努力还是远远不够的，还需要得到学生家长的支持，才能够事半功倍。由于小学生的身心发展尚未完全，家庭教育对学生的影响举足轻重。从调查结果可以看出，有过课外音乐学习经历的学生，在音乐表现和音乐创造方面要优于没有课外音乐学习经验的学生。所以，家庭教育对学生培养音乐学科核心素养的作用是不能忽视的。父母是孩子家庭教育的关键，首先需要建立健康的家庭教育观。就音乐学习而言，要认识到音乐学习的重要性，让孩子适当的参与学校组织的音乐活动，多与孩子一起聆听音乐会或者组织音乐活动等。这不仅能够培育学生音乐学科核心素养，还能够发展学生的沟通能力，实践能力，促进学生的全面发展。

第三章　核心素养视角下的小学音乐教材

第一节　小学音乐学科核心素养分析框架

近年来，教育界对核心素养的讨论日益激烈。尽管对于音乐核心素养的探讨不像其他学科那么多，但因为 2017 年正式发布了高中课程标准，明确提出三个核心素养。所以，关于高中音乐学科核心素养的研究也日渐丰富。然而，关于小学音乐学科素养的研究依然较少。

《义务教育音乐课程标准》（2011 年版）指出学生各个年龄阶段有不同的心理发展水平，当然认知水平也会参差不齐，所以必须要根据不同学段来制定不同的学习目标。专家们一致认为，义务阶段的基础教育是为学生终身学习打基础的重要教育，在小学阶段构建音乐核心素养是为后续音乐学习打下坚实的基础，对后续综合素养的形成提供有利条件。由此可知，针对不同阶段的学生要合理提出不同的核心素养培养目标。

高中音乐学科核心素养要求，并不适合针对所有学段的学生。因此，小学阶段也应该有符合学生身心发展的小学音乐学科核心素养。小学音乐核心素养和高中音乐核心素养是学科核心素养的阶段化体现，都突出音乐学科的本质特征。然而，小学音乐核心素养是特指小学生通过音乐学科学习逐渐形成的正确价值观念、必备品格和关键能力。

由于目前缺乏对小学音乐核心素养的研究，对于哪些要素能够代表小学音乐最核心的构成要素仍旧没有明确说法，因此需要更加积极的研究与探讨。通过对学生发展核心素养、高中课程标准、小学音乐课程标准以及美国国家艺术标准的分析与比对，拟构建出小学音乐核心素养，如图 3-1。

图 3-1 小学音乐核心素养组成

由上图可知，小学音乐核心素养分为音乐表现、音乐文化理解和音乐创新等三个核心素养，而音乐审美则是小学音乐核心素养总体目标。

一、音乐表现

音乐表现是指学生在生动、多样的音乐表演活动过程中形成表达艺术美感与情感内涵的综合表现能力。

音乐是一门艺术，是人们现实生活中的情感表达和生命活力的一种展现。《义务教育音乐课程标准》（2011 年版）明确提出，表现是音乐学习之基础，是学生音乐审美能力得到培养之主要途径。将艺术表现纳入音乐学科核心素养，可大大激发学生参与音乐表演的兴趣，从而提高艺术水平。

音乐表现素养与中国学生发展核心素养"人文底蕴"核心素养的二级指标"审美情趣"具有艺术知识、技能与方法的积累，具有艺术表达的意识是相一致的。因此，将音乐表现作为小学音乐核心素养之一，能够提升学生审美感知与文化理解能力、促进与人沟通的交流能力、强化社会责任感。

音乐表现核心素养是学生通过音乐表演过程来实现的，主要分为以下三个标准：完善音乐知识与技能；选择表现艺术作品；通过呈现音乐作品表达情感。

二、音乐与文化理解

音乐与文化理解的内涵指的是学生通过音乐感受与欣赏、交流与沟通、拓宽学科视野等途径，理解不同国家文化语境中音乐艺术的人文内涵，领会中国民族音乐文化的博大精深及其丰富的精神文化内涵。

音乐艺术与社会生活紧密相关，不同的音乐文化能够反映不同民族的文化内涵与特征，以及不同社会文化现象。对于音乐文化的理解与学习可以帮助学生直接感受丰富的世界文化现象并与其对话交流。

《义务教育音乐课程标准》（2011 年版）中，课程基本理念第四条提出要通过学习音乐文化，来培养学生民族意识，开拓视野，深刻理解文化的多样性。同时，相关课程内容也将音乐文化纳入学生文化素养的教学领域，旨在扩大学生音乐文化视野，充分认识中国传统文化的博大精深，促使学生增强文化自信，从而更好地理解音乐的多样性。另外，美国核心艺术标准，将历史和文化纳入艺术核心素养，认为不同历史和不同时期的文化艺术作品，通过学习理解和感受可以洞悉其不同社会与文化。

另外，美国核心艺术标准将文化、历史和纽带作为艺术核心素养之一，认为积极理解不同历史和不同时期的文化艺术作品可以使人洞悉个人及其他文化与社会。

音乐文化理解核心素养与学生发展核心素养中的有关"人文底蕴""审美情趣""责任担当"，以及"国家认同""国际理解"等，其要义与主旨是一致的。

因此，将音乐文化理解纳入小学音乐核心素养教学内容是必要的、科学合理的。音乐文化理解核心素养是通过音乐感受的过程来体现的，分为以下三个标准：感受与欣赏艺术作品；理解母语音乐文化内涵，了解世界音乐文化；理解音乐与其他学科。

三、音乐创新

音乐创新是指学生在即兴创作过程中，通过深入挖掘，创新思维，所形成的综合能力。当前全球科技文化迅猛发展，培养创造力成为各国的教育核心目标之一，故此创新素养得到高度重视，被纳入全球主要国际组织和国家人才培养框架中。

我国已将实践创新纳入学生发展核心素养框架内，并作为6项核心素养之一。20世纪后半叶，美国将音乐创造教育作为音乐教学核心内容，并融入到哲学，贯彻落实到了具体音乐教学实践中。同时，美国《国家核心艺术标准》，将创造过程作为音乐艺术的一个单独领域，目前置于表演过程。《义务教育音乐课程标准》（2011年版）中，提到"音乐是一门极富创造性的艺术，其目的主要是通过音乐来丰富学生的形象思维，开发创造性潜质"。在音乐课程内容设置方面，创造也作为一个重要领域，单独纳入教学项目。基于此，将音乐创新作为小学音乐核心素养之一，可以深度开发学生的创造性思维能力，对培养创新人才具有十分重要的意义。

音乐创新核心素养是学生通过音乐创作过程来实现的。主要分为以下三个标准：根据材料构想乐思；组织和发展乐思；完善音乐作品。

四、音乐审美

目前，音乐审美已作为高中课标的核心素养之一。但我们认为音乐审美，并不适合作为小学音乐核心素养之一，因为高中音乐课程标准对审美界定，是指对音乐独特美感的体验、感悟、理解和把握，主要包括听觉特性、表现要素、表现形式、表现手段，等等。由此可见，音乐审美的内涵包括：音乐表现与理解素养。故此，它不能作为单独的核心素养指标。然而，在中国，音乐审美一直是音乐教育领域非常重要的理念，无论在课标，教材，还是教学实践中，都渗透着审美性。另外，义务教育音乐课程标准中相关理念也提到，引导学生积极参与各项艺术实践，是获得音乐审美体验的基本途径。因此，综合上述分析可见，音乐审美才是小学音乐核心素养的总体目标。通过表现音乐、创作音乐，感受和欣赏音乐等，在潜移默化中培养学生音乐审美的能力。

第二节　核心素养在小学音乐教材中的体现

学生发展核心素养主要通过各个学科的学习加以实现。而教材又是学科学习的重要载体。本章从人音版小学高年级音乐教材的课时主题、选曲、练习三大系统具体分析学生发展核心素养的落实状况。以学生发展核心素养中的各项指标为基础，对小学生核心素养的形成路径与实现机制进行统计分析。

一、教材课时主题设计中的体现

在小学音乐教材中，课时主题的名字可以直接反映出每课时是围绕什么主题来教学。四到六年级的 6 册教材中有 42 个课时主题。围绕不同的课时主题，不同的曲目表达的情感思想各不同。如表 3-1。

表 3-1　教材曲目选编的单元主题统计表

课程	第一课	第二课	第三课	第四课	第五课	第六课	第七课
四上	歌唱祖国	家乡美	快乐的校园	甜梦	童心	水上的歌	祝你快乐
四下	跳起来	少年的歌	家乡	童年的音乐	风景如画	摇篮曲	回声
五上	朝夕	足迹	农家乐	可爱的家	故乡	快乐的少年	冬雪
五下	春景	快乐的村寨	飞翔的梦	你好！大自然	京韵	百花园	爱满人间

| 六上 | 茉莉芬芳 | 悠扬民歌 | 美丽童话 | 京韵京腔 | 赞美的心 | 两岸情深 | 七色光彩 |
| 六下 | 古风信韵 | 月下踏歌 | 银屏之声 | 美好祝愿 | 快乐的阳光 | 神奇的印象 | 放飞梦想 |

对教材的主题以课时为单位进行统计，共 42 个课时主题，从表 3-1 中看出其中有部分的课时主题包含了不同的核心素养，它们相互涉及，但各有偏重。

如果课时主题同时包含两项及以上，那么算其平均数作为统计个数，如一个课时主题同时体现了"学会学习"和"责任担当"，那么"学会学习"算 0.5 个，"责任担当"算 0.5 个。若包含三项则每个为 0.5 个。课时主题体现的学生发展核心素养统计见表 3-2。

我们在对人音版小学高年级音乐教材的每个课时主题进行统计以后，发现教材的课时主题除了学会学习核心素养没有体现出来，其他的五大核心素养都包含在内。首先从教材课时主题体现核心素养的数量来看，中国学生核心素养发展中的"人文底蕴"核心素养被体现的次数最多，约为 23.98 个，占比重最多的为 54.5%；然后是体现责任担当的核心素养，为 12.15 个，占总数的 27.61%；再次是健康生活和科学精神数量分别为 5.48 个和 2.83 个，占总数的 12.45% 和 6.43%。所占比例相对与其他素养偏少，最后是实践创新为 0.5 个，占总数的 1.14%，"学会学习"为 0 个，占总数的 0。我们可以很清楚的发现，学生发展核心素养的呈现比例差异性很大。

表 3-2　课时主题体现的学生发展核心素养统计表

	人文底蕴		科学精神		学会学习		健康生活		责任担当		实践创新	
	数量	比例	数量	比例	数量	比例	数量	比例	数量	比例	数量	比例
四上	4	9.09%	0	0	0	0	2	4.54%	2	4.45%	0	0
四下	6	13.65%	0.5	1.14%	0	0	1	2.27%	1.5	3.41%	0	0
五上	3.83	8.70%	0	0	0	0	0.83	1.89%	1.83	4.16%	0.5	0.14%
五下	3.33	7.57%	0.5	1.14%	0	0	0.33	0.75%	2.83	6.43%	0	0
六上	3.33	7.57%	1	2.27%	0	0	0.99	2.25%	1.33	3.64%	0	0
六下	3.49	7.93%	0.83	1.89%	0	0	0.99	2.25%	1.66	3.77%	0	0

合计	23.98	54.5%	2.83	6.43%	0	0	5.48	12.45	12.15	27.61%	0.5	1.14%

教材中的每个课时主题都与所在的这课时整体内容相对应，体现"人文底蕴"的课时主题分别包括人文积淀、人文情怀和审美情趣这三个具体要点。主要是为了学生能够更好的学习中外人文知识成果并尊重文化差异性，形成健康的人文情感态度价值观，能够在艺术学习中具备表现和创作的能力。尽管本研究界定的"人文底蕴"核心素养都是从狭义的角度去界定，但音乐学科本身就与人文底蕴的审美情趣紧密相关，所以音乐教材的每课时主题都与人文底蕴内容相关，只是每课时主题占的比重不一样。比如四上第一课"歌唱祖国"主题，这个主题下的三首歌分别是《中华人民共和国国歌》《歌唱祖国》《采一束鲜花》，除了体现"人文底蕴"还有责任担当。学习这些歌曲除了使学生具备健康的审美价值取向，还具有国家认同感，文化自信，热爱祖国和党。四上第八课《龙里格龙》是通过学习中国民族音乐文化来培养学生欣赏感知能力，并且使学生学会尊重中华民族传统的优秀文化成果。四下第六课《摇篮曲》、第七课《回声》都只体现了"人文底蕴"的核心素养。

体现"责任担当"的课时主题分别包括社会责任、国家认同、国际理解三个具体要点。主要是指学生在成长过程中学会处理应有的社会责任、国家责任等各方面而形成的情感态度和价值观。

（1）社会责任分为四类：第一类是关于个人品质方面，像诚实守信，文明礼貌，积极友善。比如四下第二课《少年的歌》、五上第六课《快乐的少年》、六下第六课《快乐的阳光》；第二类是对待他人的态度，像宽容待人，感恩之心。比如五下第七课《爱满人间》，这个主题下的歌曲是给学生传递爱与奉献的正能量；第三类是对社会集体的态度，像热心公益和志愿服务，敬业奉献，团队精神等。比如五下第七课《爱的奉献》、《爱的人间》、六下第四课《美好祝愿》；第四类是对大自然的态度，像尊重自然、热爱自然，具有绿色可持续发展理念等。比如五下第一课《春景》、第四课《你好！大自然》、第六课《百花园》都是通过学习大自然主题的音乐歌曲使学生发现大自然中的美丽，爱护并热爱大自然。

（2）国家认同也分为四类：第一类，具有国家意识，了解国家历史，捍卫主权。比如四上第一课《歌唱祖国》、六上第六课《两岸情深》。通过学习歌颂祖国类型的歌曲使学生增强维护祖国统一和民族团结的意识；第二类，尊重本民族传统文化，传承并弘扬中华优秀文化成果。比如五下第五课《京韵》、六上第一课《茉莉芬芳》以及第四课《京韵京腔》、六下《古风新韵》。学生通过学习中华民族的传统音乐，能够了解并尊重这些优秀的文明成果，积极的继承并弘扬这些宝贵的文化遗产；第三类，歌颂祖国大好河山。比如四上第二课《家乡美》、下册第五课《风景如画》、五下第二课《欢乐的村寨》、六上第五课《赞美的心》。通过音乐学习激发学生对祖国大好河山的热爱及赞美之情；第四类，了解并尊重世界不同文化的多样性。单从主题中并没有体现出国际理解的课时主题。

科学精神是指能够运用理性思维和科学方法去探索并解决身边的事情。教材中体现"科学精神"核心素养的主题较少，但还是有几课能够体现出来。比如四下第八课《向往》、五下第三课《飞翔的梦》、六上第七课《七色光彩》、第六课《神奇的印象》、第七课《放飞梦想》。通过学习科学精神主题的曲目，使学生对身边的事物充满想象力与好奇心，培养他们对科学的真理探索与追求的能力。

健康生活是指能够领悟人生价值与生命意义，拥有健康阳光的心理品质、正确的认识自我，评估自我，独立自爱。具体包括三个方面：珍爱生命、健全人格、自我管理，比如四上第三课《快乐的校园》、第五课《童心》、第七课《祝你快乐》、五上第六课《快乐的少年》、六上第五课《赞美的心》、六下第四课《美好愿望》、第五课《快乐的阳光》、第七课《放飞梦想》。学习"健康生活"主题下的曲目能够培养学生热爱生活，积极健康的心理品质。

实践创新是培养学生具有积极的劳动态度与优秀的动手能力、勤于发现新问题、将科学信息技术和自己的兴趣结合在一起。但教材主题中体现实践创新的最少。五上第三课《农家乐》通过学习聆听这一主题下的乐曲，能够培养学生积极的劳动意识，以及动手能力。

通过教材的主题分析，发现学生发展核心素养的分布不均衡，尽管音乐学科有自己的学科特性，但是其他的核心素养也应该均衡分布，使差异性变小。

二、教材曲目选择中的体现

教材曲目系统是小学音乐教材中最主要的构成部分之一，占教材的最大篇幅。教材中除了聆听与演唱板块里的曲目，还有知识与技能，演奏，欢乐谷板块中的一些曲目。但知识与技能，演奏板块中的曲目是为了增加和提高学生的音乐知识与音乐技能而配套的练习曲目，所以就不放在曲目选材系统中统计分析。

我们在对教材曲目进行统计分析的时候，主要是通过分析曲目主题内涵的方式来对每首曲目的具体主题归类，四到六年级一共有 184 篇。如一首曲目的主题同时体现了"学会学习"和"责任担当"，那么"学会学习"算 0.5 篇，"责任担当"算 0.3 篇。若体现出三种主题，则每一个主题都按 0.33 篇计算，如表 3-3。

表 3-3　教材曲目进行统计分析表

	人文底蕴		科学精神		学会学习		健康生活		责任担当		实践创新	
	数量	比例	数量	比例	数量	比例	数量	比例	数量	比例	数量	比例
四上	14.81	8.05%	0.99	0.54%	0	0	5.15	2.80%	10.65	5.79%	0	0
四下	15.3	8.31%	3.15	1.71%	0	0	4.31	2.34%	10.64	5.79%	0.66	0.34%
五上	12.6	6.85%	0.33	0.18%	0	0	0.83	1.89%	1.83	5.79%	1.32	0.72%
五下	11.78	6.40%	0.99	0.54%	0	0	4.13	2.24%	11.28	6.13%	0.66	0.36%
六上	13.64	7.41%	2.15	1.17%	0.5	0.27%	1.98	1.08%	11.32	6.15%	0.33	0.18%
六下	10.95	5.95%	1.65	0.90%	0	0	5.79	3.15%	9.12	4.96%	0	0
合计	79.08	42.96%	9.26	5.04%	0.5	0.27%	27.31	14.84%	12.15	34.61%	2.97	1.60%

我们可以清晰看到上表中所显示曲目所包含的核心素养数量，其中包含"人文底蕴"曲目的数量最多，共有 80 篇，占总数的 42.96％。音乐学科的特性，在音乐教科书中的每单元中曲目都与人文底蕴相关。只是曲目中各个核心素养占的比重不一样。其次是体现"责任担当"核心素养的曲目，有 63.62 篇，占总数的 34.61％；再次是体现"健康生活"的核心素养的曲目，有 27.31

篇，占总数的 14.8％；最后的科学精神、实践创新、学会学习这三大核心素养所占比例都相对较少，分别是 5.04％、1.60％、0.27％。从曲目内容来看，关于"人文底蕴"核心素养的体现，具体分为以下两个方面。

（1）从人文积淀方面出发，比如四上第二课《故乡是北京》、第四课《月亮月光光》、四下欢乐谷《踏雪寻梅》、五上第五课《小村之恋》、五下欢乐谷《静夜思》、六下第一课《游子吟》《关山月》《但愿人长久》《花非花》等。学生通过对诗歌、童谣、古诗词配曲的课文学习，除了累积音乐知识和提高欣赏能力外，还丰富和沉积了个人文化知识，并且可以掌握人文思想及其蕴含的内涵。

（2）从审美情趣出发，覆盖面积就很广，教材中所有曲目都具有艺术知识和技能方法的积累，能够体现出理解尊重文化艺术多样性，比如四上第八课京剧板块，虽然都是京剧范畴，但不仅有《龙里格龙》《甘洒热血写春秋》这种京剧歌曲形式，还有《夜深沉》这种京剧与乐队形式，学生学习到不同的京剧风格，不仅能够了解中华传统音乐文化，更能理解音乐艺术的多样性。四上第七课《祝你快乐》《幸福拍手歌》《阳光牵着我的手》、五下第三课《真善美的小世界》、第七课《爱的奉献》《地球是个美丽的圆》具有健康的审美价值取向。四下第五课《种太阳》、六上第三课《魔法师的弟子》、第七课《七色光之歌》。学习这些歌曲不仅能够引导学生对艺术的热情以及开发他们的创意思维，还能将其运用到日常生活中，艺术也得到了升华和延展。

社会责任分为四类：第一类是关于个人品质方面，像诚实守信、文明礼貌、积极友善。比如，四上第七课《祝你快乐》、五下第三课《真善美的小世界》、第七课《爱的人间》、六下第四课《明天会更好》、第五课《守住这篇阳光》。学习这些歌曲能够使学生心态更加积极友善的面对人生；第二类是对待他人的态度，例如：宽容待人、感恩之心、互助精神。比如，四下第七课《友谊的回声》、六下第四课《拍手拍手》、第五课《一把雨伞圆溜溜》、第七课《永远是朋友》《我们是朋友》《欢乐颂》这些歌曲的主题与歌词都能体现出对身边人都有着亲切友好的态度；第三类是对社会集体的态度，像热心公益和志愿服务、敬业奉献、团队精神等。爱与奉献的正能量。

比如，五下第七课《爱的奉献》《爱的人间》、六下第四课《美好祝愿》；第四类是对大自然的态度，例如：尊重自然、热爱自然、具有绿色可持续发展理念等。比如，五上第一课《晨景》、五下第一课《致春天》《小鸟小鸟》，第四课《溪边景色》《田野召唤》，第六课《花之歌》都是通过学习大自然主题的音乐歌曲让学生学会保护环境、节约资源，发现大自然中的美丽、爱护并热爱大自然。

教材中的"国家认同"分为以下三类：具有国家意识、了解国家历史、捍卫主权。比如，四上第一课《中华人民共和国国歌》《歌唱祖国》、五上第四课《外婆的澎湖湾》、六上第五课《龙的传人》、第六课《阿里山的姑娘》。通过学习歌颂祖国类型的歌曲使学生增强维护祖国统一和民族团结的意识。

尊重民族优秀文化，能够传播弘扬中华优秀文化。比如四上第八课《夜深沉》、五上第二课《嘎达梅林》、下册第二课《巴塘连北京》、第五课《京调》、六上第一课《茉莉花》、第二课《小河淌水》、第四课《你待同志亲如一家》、六下《但愿人长久》。学生通过学习中华民族的传统音乐，能够了解并尊重这些优秀的文明成果，积极的继承并弘扬这些宝贵的文化遗产。

歌颂祖国大好河山四上第二课《家乡美》、下册第五课《风景如画》、六上《五彩缤纷的大地》《黄河颂》、第六课《半屏山》、五下第二课《北京喜讯到边寨》。通过音乐学习激发学生对祖国大好河山的热爱及赞美之情。

教材中的国际理解体现在尊重世界多元文化的差异性。比如五上第三课《飞越彩虹》、下册第六课《叮铃铃》、六上《魔法师的弟子》《波斯市场》、第七课《日出》、六下第三课《爱是一首歌》、第七课《和平颂》。单从主题中并没有体现出国际理解的单元。而从教材内容中可以体现出来，故放在后面章节分析。通过这些曲目的学习，能够让学生了解人类的历史进程，全球发展形势，对中国以外其他国家的文化历史能有尊重，理解的态度。

教材中体现"健康生活"的曲目也有很多。比如四上第三课《哦，十分钟》《乒乓变奏曲》、第五课《节日舞》《荡秋千》《童心是小鸟》、第七课《幸福快乐歌》《阳光牵着我的手》、四下第二课《小小少年》《我是少年阿凡达》《红蜻蜓》、五上第四课《牧场上的家》《可爱的家》、五下第四课《田野在召唤》、第七课《大爱无疆》、六下第三课《滑雪歌》、第五课《守住这一片阳光》、六上第二课《妈妈格桑拉》、第三课《月亮姐姐快下来》。学习"健康生活"主题下的曲目能够培养学生热爱生活，积极健康的心理品质。

三、教材练习安排中的体现

教材练习系统也是小学音乐教材中最主要的构成部分之一，而活动与创编版块又是练习系统中最重要的组成部分，活动与创编中有很多练习都是针对已学知识点与技能进行再巩固的练习，当然还有综合性的创编练习。

三年级上册至六年级下册教材中共 433 道练习题，如一道练习题同时体现了"责任担当"和"学会学习"，那么"责任担当"算 0.5 道，"学会学习"算 0.5 道。

我们在对教材高年级各册书的创编与活动版块进行文本分析之后，发现练习题目的主题与教科书中各个曲目主题都紧密相关，也紧扣了这六大核心素养，但创编与活动版块的练习形式是非常丰富的，通过不同的练习方式来培养学生各方面的核心素养，所以习题中体现出的核心素养与曲目中体现出来的会有一些差别，这是从不同角度来体现核心素养的。

练习系统对学生发展核心素养实现状况统计表如表 3-4。

表 3-4 练习系统对学生发展核心素养实现状况统计表

	人文底蕴		科学精神		学会学习		健康生活		责任担当		实践创新	
	数量	比例	数量	比例	数量	比例	数量	比例	数量	比例	数量	比例
四上	3.45	7.98%	15	3.46%	16	3.70	0.5	0.12%	3.5	0.82%	5	1.15%
四下	39.5	9.12%	12.5	2.89%	17.5	4.04%	1	0.23%	2	0.46%	1	0.23%
五上	37.5	8.66%	11.5	2.66%	20	4.62%	1.5	0.35%	0.5	0.12%	1	0.23%
五下	33.5	7.74%	13.5	3.12%	12.5	2.89%	0.5	0.12%	12.5	2.89%	1	0.23%
六上	34.5	7.97%	13.5	3.12%	12	2.77%	1	0.23%	8.5	1.96%	1.5	0.35%

六下	39	9.01%	9	2.08%	5.5	1.27%	1	0.23%	7	1.62%	2	0.46%
合计	218.5	50.47%	75	17.33	83.5	19.28%	5.5	0.27%	34	7.85%	11.5	2.66%

　　我们可以看到表 3-4 中练习题所包含的核心素养数量，其中包含"人文底蕴"的练习题有 218.5 道，占总数的 50.40%；然后是体现"学会学习"核心素养的练习题为 83.5 道，占总数的 19.28%；再次是"科学精神"为 75 道，占总数的 17.33%；"责任担当"体现这一核心素养的练习题有 34 道，占 7%。最后是体现"实践创新"与"健康生活"核心素养的练习题，其中实践创新有 11.5 道，占总数的 2.66%。"健康生活"核心素养最少，仅有练习题 5.5 道，占总数的 1.27%。

　　（1）人文底蕴。从教材练习题出发，可分为两个方面：第一个方面从人文积淀出发，比如四下第一课《新疆舞曲第二号》第二题，乐曲中的节奏是模仿哪种少数民族的演奏？六年级下册活页练习第一课给古诗词配乐并朗诵。这些练习除了使学生累积音乐知识和提高欣赏能力外，还让他们了解了少数民族音乐和人文的特点，古诗词内在韵味与表达的情感。并能掌握音乐中蕴含的人文思想及其内涵。第二个方面从审美情趣出发，四上第二课《牧歌》第二个问题，为上面的旋律编创歌词并唱一唱，学生能够在音乐学习中具备独立欣赏与创作的能力。除了累积音乐知识和提高欣赏能力，还不断丰富自身在人文领域对文化知识的积淀，并能够理解和把握人文思想中所蕴藏的实践方法。

　　（2）实践创新。比如四上第六课《划龙船》第二题，通过看劳动图画创编节奏和表演的形式来进行音乐创作训练。除了锻炼学生的自主思考创编能力，还增强他们的劳动意识。四下第三课《洪湖水浪打浪》第二题，自主选择图画，自制乐器人声模拟为音乐伴奏，引导学生将创意方案转化为有形物品，加强他们的劳动意识，培养他们积极踊跃的劳动态度并提升动手操作能力。这些练习都能帮助学生培养"实践创新"核心素养。

　　（3）学会学习。四上第三课乒乓变奏曲的第一题，学生通过自主选择节奏来为乐句做变化节奏练习。四下第二课《小小少年》第三题，学生通过旋律接龙来创编歌曲，五上第一课《春雨蒙蒙地下》第三题找出旋律中的切分音，都是引导学生开动脑筋，发现和总结音乐中的规律，寻找解决问题的方式，潜移默化的培养他们"学会学习"的核心素养。

（4）健康生活。六下第三课《DO RE MI》第二题、四上第二课《大雁湖》第一个问题、六上《阿里山的姑娘》第二个问题，都是随着音乐边唱边跳。这些练习除了能够帮助学生提高感知与欣赏音乐的意识与能力外，还能引导学生更加热爱音乐，培养学生积极开朗的心理品质。

（5）科学精神。四年级上册第一课《中华人民共和国国歌》第二个问题，"哪些小节的音调听起来像军号声"除了锻炼学生的音乐感知发现能力，还能引导他能够独立思考，听辨判断。第二课《采一束鲜花》第一题"听唱旋律，比较他们的不同"，首先培养的是学生独立判断的能力，判断两句旋律中的不同，然后是问题意识，让学生能够自己提出问题，做出总结，认识到两句旋律的差别是如何体现的，以后碰到同样的问题该如何去解决。除了引导学生在课堂中发现问题，在实际生活中也可以解决音乐问题探索音乐现象。

（6）责任担当。主要表现为三类：①社会责任。比如四上第七课《祝你快乐》第二题"为歌曲编个集体舞，随音乐表演"。五下《飞越彩虹》第二题"让学生按要求组合演唱并感受"。这些练习都是引导学生在进行集体创作、集体合作的时候，培养每个学生的团队协作意识和互帮互助精神。六下第七课《永远是朋友》《我们是朋友》的练习题都是用歌声与动作表达交流内心的情感，让学生懂得宽和待人，珍惜身边的友情；②国家认同。比如四上第二课《杨柳青》的第二个问题"随歌曲范唱试用江苏方言演唱，体会方言特点"。《故乡是北京》的第一个问题"随歌曲范唱哼唱，学一学歌中的京腔京韵"。京剧与江苏方言都是我国宝贵的非物质文化遗产，尝试用方言去演唱歌曲，体验学习京韵京腔，既能使学生认识和理解文化艺术的多样性，又能使学生继承并弘扬中华优秀的传统文化。再如五上第二课《歌唱二小放牛郎》"分角色创编，表演音乐情景剧"，歌曲是抗日战争时期非常著名的儿童歌曲，学生在创编音乐剧的过程中了解国情历史，引导他们将捍卫国家主权的意识代入表演中；③国际理解。六下第三课《DO RE MI》第二题"演唱《音乐之声》中其他的插曲"、《两颗小星星》第一题"随歌曲哼唱并体会影片主人公的心情"。六年级下册活页练习第七课第二题"收集作曲家贝多芬有关资料与同学交流"。这些练习要求学生能够积极了解其他国家历史和音乐风格，并尊重世界文化的多样性和差异性，参与不同文化的交流。四下第五课《小溪流水响叮咚》第四题"以郊游为主题，采集声音编创有声画面进行表演"，让学生自主发现和收集与主题相关的声音，开发学生的好奇心和想象力，让学生大胆尝试，进行创编表演，培养他们不畏困难，坚持不懈的探索精神。这些题目都能够体现出"科学精神"核心素养。

第三节　核心素养在教材中存在的问题及改进

一、音乐创新素养体现不够

经过分析，音乐学科的四个核心素养——音乐审美、音乐创新、音乐表现、音乐文化理解都能在教材的各个系统中体现出来。但是我们认为，音乐创新和音乐文化理解等核心素养在教材中体现的还不充足，而且无法充分激发学生的求知欲与创新思维。

尽管国家一直都在强调学生的创造力，并且 2011 年出版的《义务教育音乐课程标准》已经将音乐创作作为音乐教学的内容领域。但是教材的练习中并没有体现出培养学生音乐创造力的重要性。我们认为，归根结底还是因为课标对音乐创新素养的重视程度没有其他以音乐素养程度高，导致教材中对培养学生音乐创新素养的练习比较浅层，而且容易与其他表演形式放在一起，很多教师并没有意识到这些活动就是创作，也不知道如何设计才能开发学生的音乐创新能力。

二、音乐与其他学科联系体现不充分

音乐文化理解中的理解音乐与其他学科没有在教材中充分体现。体现最

多的是音乐与其他艺术学科的综合，对艺术以外的学科综合基本没有涉及。由于科技的推动，跨学科的研究越来越多，这直接促进了学科之间相互融合，很多学科的知识都能够相通，不仅是艺术学科之间的相通，而且是与其他学科的相通。比如可以和语文学科相结合，引导学生将古诗词，文言文作为歌词融入音乐创作中。这样能够帮助学生理解艺术学科与其他学科的关系，为他们构建一个更完整的知识网，运用到日常学习与生活中，提升学生对音乐的审美与理解。

三、小学音乐教材实现音乐学科核心素养均匀分布的改进建议

通过分析，我们认为使教材中音乐学科核心素养分布均匀的方式有以下几点：

（1）教材的创编与活动版块中最好有单独的音乐创作练习。不是浅层的音乐创编活动而是作曲方面的音乐练习。如果能够将创编与活动分开，与演奏、演唱板块一样单独成为一个板块，这样就能更好的开发学生的音乐创新素养。

（2）音乐教师要树立音乐创新意识，教材是教师的主要教学工具，但教师却是课堂教学的主导，教师的创新理念可以引导学生对音乐创作的兴趣与热情。小学生思想活跃，想法多，会有不同的创造视角与想法，也能给教师提供更多创造教学的思路，提高了师生互动率。当然这也对教师提出了更高的要求，除了教材中的创作素材，教师应该从更多方面去发掘创作素材融入到教学过程中，多给学生提供创作机会。让学生能够学会自主开动脑筋，热爱音乐创作。

（3）音乐教师要不断加强培训和学习，除了本学科的知识要扎实外，还要广泛涉猎其他学科领域，扩大知识视野。这样才能将音乐与其他学科知识融会贯通，并将学科融合的思维方式潜移默化的传递给学生。

第四章 核心素养视角下的音乐校本
课程开发

第一节 当下音乐校本课程开发的优势与问题

一、三所基地校音乐校本课程开发的优势

国培计划是提高中小学教师特别是农村教师队伍整体素质的重要举措，由教育部、财政部于 2010 年全面实施，其中包括"中小学教师示范性培训项目"和"中西部农村骨干教师培训项目"两项内容。我们认为，国培计划中关于"中小学教师示范性培训项目"的内容提出了很多有建设性的、前瞻性的建议，为各中小学音乐校本课程的开发开拓了思路。

我们曾参与沈阳师范大学音乐组织的"国培计划"——中小学教师示范性培训项目——音乐学科教师培训，接触并了解了当下较为前沿的中小学教学理念与方法，其中涉及的关于教学资源、教师素质提升、教学内容以及教学方法等问题为本文的研究开拓了思路。我们认为，从"国培基地"学校的示范性教学活动与培训入手研究音乐校本课程的开发，不仅能够以理论联系实际的方式充分展现当下中小学音乐教学的优势，同时还能够便于本文结合音乐核心素养理念从基础教育的音乐教学中寻找这些学校音乐校本课程开发上的不足。

我们采访的三所"国培"基地校分别是沈阳市的 W 校、开原市的 L 校，以及兴城市的 N 小学，通过调研与访谈，认为这三所学校在中小音乐校本课程的开发与建设中起着一定的引领与带头作用，无论是教学模式、教学手段还是教学内容，都不禁让人眼前一亮、耳目一新。通过对比、总结与归纳这三所学校音乐校本课程发展的现状与态势，我们发现，他们不仅有着紧密相连的共性优势，还有着适合自身发展的个性优势。

（一）共性优势

我们通过罗列对比三所学校音乐校本课程的教学模式、教学手段与教学内容，发现它们都十分重视校内教学资源的共享与统筹、提升教师课堂参与度以及积极开发多元化的教学内容三方面的落实。

1. 重视教学资源的统筹与共享

这主要指的是学校结合自身的办学宗旨，将教学的硬件设施、教师队伍以及现有的教学内容等音乐教学资源整合到一起，通过教学资源的统筹在校内教师间或友校间实现资源共享，在夯实常规音乐教学水平的同时，寻找音乐课程与教学的守旧与空缺，在此基础上，建设与拓展音乐校本课程教学的方式。来看这三所学校的具体做法：

沈阳市的 W 校，与其他两所学校不同的是，该校采用的是"集团式"的管理与教学模式，7 所分校遵循同一种组建模式，也就是说该教育集团本身就有着更为丰富的教学资源，而且这些资源也更便于在各分校内流通。我们把这些资源划分成两类：一是教学宗旨、教学目标与教学理念等无形资源；二是教师团队、教材以及硬件设施等有形资源。学校将这些资源分类管理，在建设与发展音乐校本课程的过程中，各分校间以统一教学宗旨、教学目标以及教学理念的无形资源为前提，实现教师交流、教材交流、统一硬件设施等有形资源的统筹与共享。在实施过程中，该集团主要采用的是组织音乐教师培训、各分校间音乐教师交流的方式，这些培训内容包括：小学音乐校本教材撰写的技术、小学音乐校本教材课程的评价方式以及如何在小学音乐校本课程中发展学生的审美共性与审美个性等。通过访谈该集团分校的部分一线教师，我们了解到，不仅是音乐学科，各校间的部分学科教师需要两年一交流，据这些教师说，到新校区任教，即便运用的是同一种教学模式，他们仍能在教学中找到新鲜感，并且在不同的学群与教师的相互沟通中，找到新的教学思路与目标，在此基础上进行再实践再反思，他们感到这样很有助于自我提升。

开原市 L 校，这是开原市教育局直属的一所现代化、高标准公办九年一贯制学校。L 校在音乐校本课程的建设上，也十分重视教学资源的统筹与共享，并通过这一途径优化了课程核心素养的设定与校本课程的内容。该校采取的具体措施主要有两个：一是通过整理与统筹现有的教师、教材与硬件设施等有形资源，根据教师与学生双方的需求设定校本课程；二是以"顶层设计"理念为中心开发与推进音乐校本课程。其中，后者是该校发展音乐校本课的亮点。"'顶层设计'是一种站在学科的整体高度上，去分析、确定该学科的课程体系与内容设置的教学理念。"我们认为，这种理念就是从统筹与共享现有教学资源出发，选择想要达到的且能够实现的教学高度，在分析与确定课程体系与内容设置的过程中，将资源再丰富，并进行资源再统筹再分享的一种方式。下面是该校设计的以"竹子定律"为"顶层设计"的音乐校本课程方案。

从表 4-1 中可以看出，该课程以"厚积薄发、稳中求胜"的竹子精神为核心素养，通过音乐教研组研讨整合相关课程资料与竹乐器等教学资源，引导学生了解竹文化、体验竹乐，并在丰富的实践活动中，能够更好地学习竹乐器再度收集整合教师、乐器等教学资源。

表 4-1　"竹子定律"相关音乐探索校本课程方案

课程标题	"竹子定律"引发音乐的探索
课程对象	小学 4～6 年级　中学各年级
课程核心素养	厚积薄发　稳中求胜
课程目的	探索"竹"，对"竹"的文化理解 "竹子定律"：从竹子的生长定律延伸到"厚积薄发、稳中求胜"为人处事的方式 学习竹子积蓄能量、稳中求胜、厚积薄发的生长之道 学习竹子的品格，遇到挫折与打击时不要轻易退缩
课程内容选择	借助多媒体教学工具了解"竹子"相关文化 关于"竹乐"的音乐情感体验 关于"竹乐器"的音乐实践活动
学生的课程内容评价	写"竹乐器"演奏的乐曲赏析 "交流会" 创意海报

竹文化与中国民族文化

兴城 N 小学，是辽宁省教育改革的一面旗帜，多年来，该校探索出"以人为本，高扬学生主体精神"的素质教育模式，以音乐实验为突破口，艺术教育为龙头，形成多项教改实验齐头并进的科研新格局，建构了基于核心素养为基础的具有时代意义的教学体系，使得音乐校本课程的教学效果不断提升。在小学音乐基础课程与校本课程的改革中，该校十分重视师生资源的交流与共享：每个年组的音乐教师一共有三名，就是说每名教师要同时准备三个年级以上的教学内容，学校每学期开展一次"校内音乐教师校本课的交流活动"，来自三个班级的学生约为 90 人，每个班级分为 ABC 三组，每组十人，同组学生走进一个音乐教室，打乱班级顺序分别上了三节别开生面的音乐课，该校通过这样的教学活动实现了校内音乐教学资源的整合与共享，让校内音乐教学资源在师生间实现最大程度的透明化，在此基础上改进与提升。此外，我们有幸参加了 N 校在 2018—2019 年音乐教师交流培训会，会上提到上学期"新课教学如何培养学生在音乐学习中提高团队合作能力"的研修成效颇为显著，并在新学期即将开展关于"运用拓展表现音乐，师生小结反思领悟"问题的进一步研修，我们认为，这些校本研修活动是该校实现教学资源统筹与共享的一种手段，也是推动该校音乐校本课程发展的一个重要因素。如音乐校本课中的小组合作形式就是研修的成果之一，这种引导学生自主学习的教学方式不仅活跃了课堂氛围，还大大地提升了学生的主导地位。

2.重视教师的高效参与

我们认为，教师的高效参与是实现学校校本课堂教学发展的前提与根本，三所学校通过督促鼓励教师高效参与音乐校本课堂教学，促使他们走在音乐校本课程改革的前列。首先是 W 校，如上所述，由于该校采用"集团式"的管理与教学模式，所以教师资源相对更加丰富，但教师多并不代表积极性强，所以在调动教师高效参与的积极性上，学校采取了音乐校本课整合课比赛、聘请校外专业教师讲座以及校本课程成果展示等多种手段，其中音乐校本课整合课比赛是该校提升教师参与度与推进校本课程发展一个亮点。这种整合课采用的是两种以上交叉学科上课的模式，一堂课围绕一个主题、一种教学目标，用多学科的视角与教学手段来突出主题，实现教学目标。我们认为，这种整合课的模式大大地提高了教师的积极性与参与度，原因有三：一是一节课的任务重担从一个人挑变成了两个以上的人挑，一节课集中了多个人的智慧，其间产生的意见分歧与不同观点促进大家主动去解决；二是由于整合课多专业、多角度分析问题的特性，使得教师在设计解决教学环节与教学问题时对其他学科的教学内容产生浓厚的兴趣，大大地调动了教师参与的积极性；三是由于上课需要教师间的配合，所以这就使得一些积极性不高的教师，在不断地练习中被带动起来，大家团结协作，共同分享教学成果，无形中增强了教师间的凝聚力。

L 校的做法如上文所述，由于该校以"顶层设计"理念为中心开发与推进音乐校本课程，所以，学校将过去分散割裂的各种课程进行统筹安排，建构了"L 校标准化"课程体系。为了提升教师的参与度，该校以提升小乐器校本课的质量来推动地方课程体系的建设，同时促进了音乐教师地方课教学的参与度。通过访谈，我们了解到小乐器因其体积小、易掌握的特点，在各中小学的音乐课中盛行，所以，即便是不善于乐器演奏的音乐教师，也可以运用得得心应手。该校从小乐器常规教学入手，开展了校内音乐校本课教学展示、成果展示以及教学研讨等活动，教师参与度的提高大大推进了地方课程的发展。其中，我们有幸聆听到一节十分有代表性的音乐校本展示课，这节课的题目为二声部竖笛乐曲《红蜻蜓》，主要内容是引导学生二声部吹奏乐曲《红蜻蜓》，教学对象为五年级学生，可以说，整堂课采取的是小乐器训练与音乐教学相结合的模式，其中导入、新授环节都采用常规课堂教学的手段，实践的环节则采取乐器训练与音乐教学结合的模式，其中包含小组练习、同声部练习、分声部练习、跟伴奏练习、小组展示等环节，其中教师的教学手段以及最后的成果欣赏都给人美的享受。

N 校校长非常重视音乐学科的校本课程进展，特别是活动组的口风琴课程。通过校内与外聘专业教师间的不断分析、实践、修改，初步形成一套较完整的教学体系，将口风琴校本课与柯达伊教法相结合，出色的完成了口风琴校本课程的研发工作，走出了一条"教师高效参与"的特色教学模式之路。我们采访了该校的口风琴教师，关于如何引导一年级学生正确吹奏口风琴的问题上，她是这样回答的："是的，一年级的孩子确实是所有年级孩子中最难教的，他们理解能力有限，注意力有限，又十分好动，所以我们音乐老师多次聚集在一起研讨关于口风琴型号的选择、校本教材的编写以及教法这三个基础问题，为了给我们老师思路，学校专门聘请了专家，引导我们结合柯达伊教法来实施教学，效果十分显著。"我们有幸听到这名教师的口风琴校本课，其中该教师将歌唱与吹奏相结合的环节令人印象深刻：在导入环节的音阶练习中，教师通过唱来引领，一首小小的音阶歌，教师一边用柯达伊的手势引领，学生一边唱，唱一句吹一句，每一句以三个相邻的音组成，大部分学生都可以把音唱得很准，把口风琴的节奏吹的很稳，充分地体现了柯达伊的理念："音乐必须是无伴奏的，就像传统的民谣演唱。"

3.积极开发多元化的教学内容

通过比对，我们认为，三所学校在推动小学音乐校本课程发展过程中，所体现出的另一个共性优势是能够从教材与教学目标出发，积极开发多元化的教学内容。

上文提及 W 校以音乐校本课整合课的方式，大大提高了教师参与的积极性，同时这种多学科整合的方式也开发了多元化的教学内容。该校的"双语"音乐社团组建于 2018 年初，"双语音乐课"是一门音乐与英语学科共同承担教学任务的整合校本课程，学校通过提升该门校本课的教学质量，打造了一支"双语音乐社团"，目前该社团的训练成果已初见成效，在沈阳市组织的小学课本剧比赛中，该校以音乐英语课本剧《THREE PIGS》取得了令人满意的成绩。

一名双语音乐社团的教师告诉我们，课上，他们经常会将外国经典的儿歌、民谣融入课堂教学内容，由于该课的内容涉及了两门学科，所以由英语与音乐教师配合来上。以一节演唱课为例：一节课的时间并不是两名老师平均分工，而是根据教材中设定的教学内容与教学步骤，两名教师配合来上，如英语儿歌《Clap Your Hands》，教师运用奥尔夫教学模式中的拍手、跺脚等"人体乐器"朗读英文歌词，在朗读英文和动作的配合中增强节奏感。期间，英语教师根据学生的问题来纠正发音解决学生遇到的生僻单词与语法，音乐教师解决学生音乐、节奏等音乐素养知识，这一环节两个教师独立完成。在开发多元化教学内容的问题上，L 校的具体做法是将传统民族、民间音乐元素融入已有的课程内容中，在丰富音乐校本课教学内容的同时形成了独具民族文化气息的教学特色。

"中华鼓乐"以民族传统乐器鼓为主要乐器的音乐校本课，学校根据鼓的不同类型与型号设立不同的课程，如"中华腰鼓""中华堂鼓""中华板鼓"等，并设立了相应鼓乐团，演出时鼓韵飞扬、声势浩荡，是学校艺术教学成果的一道靓丽的风景线。2018年11月，我们深入学校调研的当天，正好赶上"中华鼓乐"课，教室里充斥着多变又整齐的打击节奏。

据该门课的教师介绍，由于上课的学生来自不同的年级，所以选择得当的教学内容与教学方式十分重要，他经常结合奥尔夫音乐教学法来帮助实现教学目标，上课前，他会运用击掌、捻指、拍腿等身体的律动来引导学生增强节奏感，他称为"预热"，之后才引导学生在鼓上操作。为了避免将校本音乐课堂变成训练课，他十分重视导入环节，并且在其中融入一些孩子能够看懂和记得住的传统音乐知识，孩子们兴趣浓厚，有助于提高鼓乐学习的积极性。

N校的键盘社团很有特色，该校老师告诉我们，他们通过统计各年级各班同学艺术特长了解到，学校在外学习键盘乐器的孩子有很多，所以学校投入了大量资金，并将电钢琴纳入学校的音乐校本课程中。键盘校本课程虽然很常见，但该校在探索多元化的教学内容与教学方式的过程中，融入了大量的西方音乐文化，形成了该校键盘校本课程的特色。

主要体现在：①课程中不仅有键盘演奏知识的学习，还融合了一些西方音乐常识，拓展环节中的教学建议是通过我国传统五声音阶与西方七声音乐的对比，引导学生了解我国与西方音乐独特的民族风格，并引导学生创作简单的音阶歌；②通过电钢琴多音色的特点，引导学生了解不同的乐器，进而掌握交响乐的相关知识，如在教材《小指挥家》这一章中，每一首歌曲都需要根据乐句的变化由三种不同的音色演奏，其中包括管乐组：长笛、黑管、萨克斯；弦乐组：大、中、小提琴以及贝斯，等等。拓展环节的教学建议是，教师引导学生通过听辨乐曲的音色判断乐器的种类；③重视欣赏课的穿插，教材中的每一单元最后都是欣赏课内容，其中包含了西方音乐家生平、不同的音乐时期风格以及拓展性的乐理等西方音乐知识的介绍。从课程内容的丰富性可以看到，该校在教学内容上借鉴了高校音乐专业常规教学的内容，把一堂小小的校本课变成了高校音乐教学的一个缩影。

（二）个性优势

除了上文提及的共性优势外，每所学校还根据学校自身的办学特点，打造特色、力推精品，开发新颖的教学模式并运用多样化的教学手段，这也是个性优势。如果说共性优势是他们共有的发展音乐校本课程理念，那么个性优势则是他们落实这一理念的独特方式与成果。

1. 打造特色，力推精品

不论是教学资源的统筹与共享、重视提升教师的参与度还是积极开发多元化的教学内容，在这些发展理念的引导下，三所学校都在推进音乐校本课程的过程中取得了显著的成果，其中，不同特色的精品社团是展现每所学校教学成果与个性优势的最佳途径，这些社团的组建有些是根据学生的特长、有些是根据学校校本课程的内容，有些是为了体现民族民间文化，各具代表性。

W校打造了双语合唱精品社团。由于该校设立了"双语"音乐校本课，所以一些英文发音好，音乐素养高以及音乐表现力强的孩子在课上脱颖而出，成为校合唱队的主力队员。在每年的合唱比赛中，该合唱队都会选择一首英文合唱曲目，有时歌曲中还会穿插一些英文独白，特别新颖，这些为他们在比赛中赢得了不少创意分。据合唱队的指导教师说，选择并演唱英文曲目对孩子们来说是有一定难度的，因为在练习中教师不仅要指导学生的演唱方法、音准、节奏以及音乐表现等合唱技巧，还要解决英文的口型与发音问题，而这些发音的方式也直接决定着演唱方法与音色的变化，另外，背诵也比中文歌词难，由于校本课中，已经解决了英文的口型、发音与背诵问题，再加上音乐专业知识的积累，所以对选拔上来的孩子来说，演唱英文歌曲变得相对容易了。2018年夏，该校以合唱歌曲《Rudolf the red-nosed reindeer》夺得市合唱比赛金奖，其中演唱结合英文独白的形式给评委留下了深刻的印象。

L校打造了"中华鼓韵"精品社团。该校根据中华鼓的分类设立了不同的校本鼓乐课程，但在社团中，这些不同类型的鼓被聚集到了一起。教师会在课堂上选出表现优秀的学生，并将其纳入社团中，根据教师的安排与音色的需要选择每种鼓手的人数。据我们观摩，该校鼓乐队的安排是这样的：腰鼓40人、大堂鼓1人、中号大堂鼓2人、小号大堂鼓4人，其中所有鼓以大堂鼓为中心形成方队，中大堂鼓位于大堂鼓近前方两侧，小号大堂鼓围绕大堂鼓四角，其余腰鼓等围绕以大堂鼓为中心排列。据该社团的老师告诉我们，这样的队形便于演出，因为鼓不像其它乐器易于挪动，加上人数较多，所以这样的队形适用于各种场合，另外大堂鼓音色浑厚、震动频率强、声音可传四方，所以从聆听效果上考虑放在中间更合适。据我们了解，在刚刚结束的市运动会上，该校以"中华鼓韵"作为开场，其效果声势浩荡，十分震撼，各级领导给予了高度的赞赏与好评。

N校打造了电钢琴精品社团。该社团约有学生30名，他们不仅出自有一定的键盘基础学群，还都是该校音乐校本课上成绩突出的佼佼者。据社团教师介绍，即使是在课上的学生中优中选优，社团里每个学生的基础也都不一样，能够达到演奏级别的学生不到10人，这为分组带来了一定困难，她没有将这些能够达到演奏级别的学生分散到每一小组，而是将他们集中起来，就像合唱中的领唱一样。当然，在练习时，他们又有各自负责的小组，作为老师的助手，他们会引导其他同学共同完成练习。除了这些学生，其他的学生被分为三小组，这样做的目的：一是便于分声部练习，二是符合按照交响乐队来分组的创意，三组学生可分别负责弦乐组、管乐组以及打击乐组。我们还得知，在去年的市精品社团汇报演出中，该校的电钢琴社团以老约翰·斯特劳斯的《拉德斯基进行曲》夺得领导们的一致好评与称赞，据排练这首作品的教师介绍，为了突出新意，他们在演奏中融入了很多有趣的节奏，这些节奏由不同演奏组的学生交替完成，从而赋予了音乐强烈的节奏动感。

2. 新颖的教学模式

根据设计本堂课的教师介绍，该课的主要内容是左手和弦的145级标记，教学重难点是左手伴奏与右手旋律在节奏与指法上的配合，结合这些内容，该教师把本堂课分为"灵动的节奏""美妙的旋律"和"灵巧的手指"三个环节，每个环节分别由一名学生负责，教师任主持的角色代表学生发问并邀请这些可爱的音乐小精灵。据任课教师阐述，这种学生和老师角色互换的教学模式是从一节校级公开数学课中获得的灵感，她发现这种形式能够最大程度地调动学生学习探究的主动性，在减轻教师教学重担的同时，也锻炼了学生的组织与表达能力。

3.多样化的宣传手段

只有加强宣传力度，才能使教师在探索教学内容与教学形式的过程中不断地发现欠缺与不足，并在开阔学科视野的过程中，进一步寻求与获得更好的教学资源，进而强化课程发展的持续性。遵循这样的理念，三所学校通过不同的宣传手段，将音乐校本课程的建设与成果在不断地打造与历练的过程中提升。

W校的主要宣传手段是让学校的精品社团走出去，让校本课程的教学成果走出去，该教育集团组织学生积极参加省市区以及国内外的各项比赛以及展示活动，取得了十分理想的教学成果：2018年9月舞蹈"弄堂记忆"获得沈阳市中小学艺术展览（舞蹈专场）一等奖。同年10月，该教育集团在鲁迅美术学院美术馆举办《童绘盛京》学生优秀美术作品展活动，为了展示学校更多的教育成果，学校派出乐团迎接来自省市区的领导，演奏的乐曲有《拉德茨基进行曲》《新世界交响曲》《蓝色多瑙河》等难度较高的交响乐曲，让到场的来宾赞叹不已，此项活动以展示新时代家乡沈阳的变化为主题，抒发了学生对家乡的无限热爱。据该校的副校长介绍，学校每年都会组织或者参加很多这样的活动，学生们在每一次活动中都有着不同程度的成长，眼界丰富了他们的艺术涵养，能给予他们更多地自信，当然，老师们的收获更大，无论是教学模式、教学手段还是教学内容，他们都能在活动中找到灵感，学校也是在这样的宣传活动中成长起来，学校出了名，老师们也有了强烈的荣誉感，回到教学中，他们也是胸有成竹、信心满满。

L校的主要宣传手段是通过手拉手的活动与其他院校建立联盟关系，在交流中提升与宣传自己。这些手拉手交流活动不仅能够促进校与校间教学相长，还会给学校提供很多展示与宣传自己的机会。这些活动包括：关于音乐校本课程开发的教学交流会、社团展示活动、互联网教育信息交流活动、公开课教学观摩，等等。据该校教学主任介绍，开展校际间建立"手拉手"联盟活动，一方面是以谦卑的姿态在交流中学习，另一方面也是通过这样的形式宣传本校的教学发展理念，从成果来看，他们收获了预期的理想效果。2018年5月，该校与联盟校开展了一次"手拉手"队日活动，L校借此机会展示了"中华鼓韵"、陶笛、古筝等社团的教学成果，得到了友校领导教师的一致好评，两校教师在一起观摩了一堂"中华鼓韵"的音乐校本课，课后教师们聚集在一起，以教学环节与教学内容的优缺点为切入点，展开了关于音乐校本课教学模式、教学内容与教学目标等问题的热烈探讨，最后大家一致认可戏曲艺术融入校本教学内容的想法，尤其对于L校的"中华鼓韵"校本课来说，如何通过传统的民族乐器体现戏曲中"板眼"节奏，能够更充分地体现这门课发扬传统文化的特点，有利于学校形成独树一帜的校本课程特色。

N校是兴城地区知名的学校之一，该校从2015年开始十分重视借助媒体的力量开拓教学视野并宣传发展自己。该校和市区电视台的联系非常紧密，通过电视台他们不仅能够以有特色的活动积极响应市区教育界领导的号召，还通过媒体的平台展示并宣传了学校的艺术教育工作特色。该校的德育主任告诉我们，每学期学校的德育、体育、艺术工作都会荣登市区教育平台，此外，学校不仅提供了让学生们到电视台演出的机会，还会邀请电视台到学校来报道与采访，2016年10月，为了响应市区开展诵读经典活动的号召，该校将校本课程中诵读与合唱表演性的教学内容提炼出来结合在一起，排练了诗朗诵《木兰辞》，这个作品受到了区内领导的一致好评，接受了区内电视台的采访，然后由电视台选送到市里参加比赛，获得了市赛的优秀奖。演出结束后，学生们还接受了市电视台的采访，学校以这样的宣传力度提高声誉，带领学生和老师们开拓眼界，据带队比赛的老师阐述，与其他学校的演出形式对比后发现，整场比赛除了本校还没有将戏曲合唱与朗诵表演相结合的形式，这让老师们看到了学校校本课程教学上的个性优势，同时也看到了发展校本课程的重要性。

二、对中小学音乐校本课程开发调查存在的问题分析

三所学校在音乐校本课程的建设和发展中体现出的优势让我们看到，他

们在发展理念以及实施方法上的先进性。与此同时，通过对比，我们也能够看到他们在开发音乐校本课程过程中存在的问题，具体如下：

（一）音乐核心素养仍有再开发的空间

我们要对音乐核心素养有一个清晰而深入的认识。中国音乐学院谢嘉幸教授于 2017 年 5 月曾在《核心素养、传统文化教育与新课标音乐教学实践》的讲座中提及："在传统与现代文化教育的融合影响下，音乐教育课程改革经历了'双基'、三维目标、核心素养的更新，并提出了'为人生而音乐'的教育目的，引导学生入乐、用乐、评乐、配乐、作乐，从而实现'音乐生活'。另外，文化底蕴、自主发展、社会参与将是我国学生发展核心素养的关键概念，也将我国新时期学校教育课程目标提升到一个新的高度。"从谢教授的表述得知，音乐核心素养并不只是基础的音乐理论知识与音乐实践能力，它要求学生在具备这些知识能力的基础上能够对音乐有较高的审美与认知能力。通过深入地调研三所学校的音乐校本课程开发情况，我们认为，尽管每所学校都能够根据音乐核心素养的内容，有效地建设与发展音乐校本课程并在其中展现本校的教学特色，但如果能够进一步解读音乐核心素养理念，仍有深入开发的空间。结合我们对音乐核心素养的解读以及三所学校的具体情况，总结了三点问题：

1.学生无法将音乐知识用到实际生活中

结合上文所述，三所学校都能够积极探索丰富的、多元化的教学内容，提高教师与学生的积极性的同时拓展了学生的音乐知识面。但多而不精、流于形式是丰富教学内容带来的负面影响，使整堂课容易出现满是教学重点或是没有教学重点的现象，学生学习的内容超纲、过于专业，课后如果不再接触，就会忘记或是无法将其用在实际的生活当中。

2.学生的创作才能还有待激发

通过我们的观摩、调研与访谈发现，无论是内容还是形式，这些学校音乐校本课的建设始终围绕在教和学之间，学生的创造力没有得到有效地激发，这也是学生无法将课堂所学与生活实际相联系的一个表现。

3.社团活动与音乐校本课在教学目标与内容上相混淆

学校社团活动的主要目标是培养学生的团队合作能力与展现学校的艺术教学成果，音乐校本课的主要教学目标与常规音乐课相类似，在拓展学生音乐知识面的同时，培养他们"入乐、用乐、评乐、配乐、作乐"的能力，通过我们调研发现，这三所学校都或多或少地存在混淆社团与音乐校本课的问题，这对学生的学习效果以及音乐校本课程建设等方面造成了一定影响。

（二）教师队伍的整体专业水平需加强

音乐校本课程内容的专业性较强，与常规音乐课相比，它更注重专而不是博，从这三所学校的调研情况来看，并不是所有的音乐校本课教师都具备较强的专业能力。

上文提及的特色社团以及胜任观摩课的教师都有着很高的音乐专业素养，但这不代表所有教师的能力，由于学校的音乐教师很大一部分来自师范院校的音乐师范专业，所以他们大多都对键盘演奏比较熟悉，而其他毕业于表演专业的教师的音乐教育、教学知识相对比较匮乏，这样看来，音乐校本课教师的整体专业水平不均衡，也阻碍了学校音乐校本课程的进一步开发。

（三）音乐校本课程评价机制亟待完善

经调研我们发现，三所学校都未建立起完善的课程评价机制，这也是音乐核心素养内容开发不完全的另一种体现。

1.学生的课程评价不足

我们认为，在结束当堂课程内容时，教师应当积极引导学生从理论知识、专业技能以及音乐审美等方面对本节课的表现进行自我评价。三所学校虽然在教学模式、教学理念、教学手段等方面有着新颖的特色，但我们认为这些重点解决的是教师"怎样教、教怎样"的问题，而没有解决学生"怎样学、学怎样"的问题，这使得学生的主观能动性没有得到积极的调动，阻碍了学生音乐潜能的开发。

2.教师的课程评价不足

完善课程评价机制还需要教师的参与，即由教师来评价课程的时效性与学生的学习情况。结合我们对三所学校音乐校本课的观摩以及教学研讨会资料的整理来看，教师们只借助教学研讨会的形式评价音乐课程，而研讨会活动每学期开展的次数十分有限，课程评价常常流于形式，无法具体地体现出教师阶段性的教学成果与学生的学习成果。

3. 课程发展总结性评价不足

我们认为，由于学生与教师的课程评价不足，这直接影响了课程发展的总结性评价。即学校无法根据学生与教师的阶段性的课程与教学反馈来实施更进一步的教学计划，容易造成课程发展定位模糊、校本课程开发缺乏针对性科学性以及总体教学目标不切实际等问题。另外，L校手拉手建立校际联盟的活动，让我们看到了该校发展优势的同时思考了其弊端：由于缺少课程发展的总结性评价，在模仿他校经验的过程中，使得师生无法结合学校的具体情况寻求教学资源，进而影响教学效果。

上述问题是我们在调研过程中发现的主要问题，我们认为，如能解决，将有助于中小学音乐校本课程走上健康发展的轨道。

第二节　基于核心素养的音乐校本课程开发

从三所学校的优势与积极开发音乐校本课程的举措来看，虽然有着显著的教学效果，却也暴露出一些亟需解决的教学问题，因此我们认为，关于学校推进音乐校本课程发展的一系列教学设想，还需基于专研音乐核心素养的基础上。本文提供以下措施作为参考：

一、打造多方参与的音乐校本课程建设

（一）打造校长引领下的教师智囊团

一般情况下，无论是音乐核心素养的有效开发，还是教师专业水平的提升与课程评价机制的完善都需要有一名好的引领者，即音乐校本课程的策划者应该是以校长为引领的音乐教学团队，这支团队能够根据学校的办学情况与现有的资源有效地制定出适合学校教学特色的课程目标，这是开发音乐校

本课程的第一步。

具体办法是：校长从学校的办学理念出发，结合学校的发展规划、教育目的与教学需求来引导教师制定学科的教学目标，之后组建与完善一支致力于音乐核心素养研究的专业教师智囊团，进行有计划地落实。我们认为，在这个环节中，校长与教师应该建立两种关系：一是领导与实施的关系；二是相互协商的关系。第一种关系是从学校的整体办学情况出发，由校长规划、监督、审定课程目标的制定，这是因为校长的宏观把控能够准确地规划教学目标的设定范围。第二种关系是从教学与学科特点相结合的角度出发，教师根据专业的知识特点为教学目标的设定提供参考意见，还可以通过校长与教师相互协商的方式弥补对方在教育教学以及专业知识方面的空缺。

（二）重视家长在课程开发中的推动作用

提高学生的音乐素养是学校发展音乐校本课程的主要因素，从课程目标的确立到课程内容的选择都应源于学生的成长需求，这一点学校和家长达成了共识，那么，能够充分调动家长的能量，将有力地推动音乐校本课程的开发。

我们要明确家长在音乐校本课开发中的角色与作用，家长可作为课程的实施者、参与者或支持者：当家长作为实施者时，相当于教师的角色，课程的设计、落实都由家长来完成，被访谈的基地校曾采取过这种方式，丰富了教学手段与教学内容；当家长作为参与者时，他可以参与到学生或教师任何一方中，作为他们的一员参与教学活动，调动双方的积极性；当家长作为支持者时，他可以不参与任何教学活动，提供物资支持或是想法建议。无论是哪一种角色，家长都应是音乐校本课程开发过程中不可缺少的一部分。

（三）社区是课程开发的外部力量

社区是学生校外学习不可缺少的一个领域，其工作人员也是有效帮助学校推进校本课程开发的重要群体。目前，很多学校与社区都建立了合作关系，引导学生到社区参加社会实践，学校不仅可以让学生走出去，还可以让社区走进学校、走进孩子们的课堂中来。

社区其实是学校与社会之间的媒介，社区的很多资源可以融入学校的课堂，其中包括老干部走进音乐课堂、节日音乐课堂以及其他类型的公益音乐课堂，等等。可参考的课堂教学模式包括：社区引荐有音乐特长的老干部、退休老教师到学校上课的形式，在课上邀请他们与学生一起表演的形式，通过节日活动引导学生为长辈献礼或是为伙伴献爱心的形式，等等。

二、推进以体现核心素养为主的校本课程开发

当我们在研究校本课程的开发时，首先应该清楚教师在音乐校本课的建设中应该开发的是什么？主要是学生如何学习的能力、自主学习的能力，即主观能动性，这也是核心素养的重要内容。在实施课程教学过程中，教师是主导，学生是主体，即在整堂课中，教师不仅仅是策划者、实施者还是宏观把控者，通过调动学生主观能动性的方式，完成基于核心素养下设定的教学目标。

（一）重视教师主导的作用

从选择课程内容与教学手段的角度上看，教师有着积极的主导作用。其中，教师可以充分地调动发散性思维，挖掘学生的主观能动性。从上一章对三所国培基地校的调研来看，教师们普遍局限于提高自身能力与丰富的教学手段上，忽略了对学生主体地位的重视，提升学生"如何学"的能力是教师开发校本课程的重要内容。教师在课堂中发挥主导作用，我们给出如下建议作为参考：课堂中，教师可以将自己设定为两种角色：一是主持人的角色，二是发问者的角色。当教师处于主持人角色时，可以引出本堂的教学内容与教学环节，在具体教学中，以激发学生提出质疑，或是引导他们以自己解决问题为主，并引导他们从解决问题的过程中进一步发现问题，之后教师以揭秘的方式渗透，加深学生对知识的理解。当教师处于发问者的角色时，主要通过向学生抛问的方式引导学生来安排教学环节，设计教学方法，在整个过程中，教师不负责引出教学环节，而是通过问题来引领，当然，当学生出现

无法解决的问题时，教师要给予相应的指导与纠正。

（二）提升学生的主体地位

学生在课堂中的主体地位是指在教学过程中，学生作为学习的活动主体存在，学生的学习能力是固有的而不是附加的，学习方式是主动的而非被动的。即整堂课需要调动教师、教材、教学方法等一切教学资源来激发并提升学生"学"的能力。提升学生的主体地位不仅仅是教师一个人的任务，还涉及到课程内容教学目标的设定以及教学内容的选择，等等，受限于教学资源的供给。我们认为，由于音乐校本课程是学校根据自身情况设计的艺术课程，所以其教学资源也相对丰富灵活，所以在设定教学目标与教学内容时要首先考虑到是否能够有效的提升学生的主体地位，这样才能让老师在课堂教学中"有技可施"。我们根据实地调研总结了在课堂中提升学生主体地位的建议：课堂中，可以采取由教师发问学生答疑的形式，或是学生发问学生答疑的形式，教学环节的设计可以由教师来编排，也可以由学生编排教师整改，但整堂课的实施人与教学主体应该是学生，教师负责把控监督。需说明的是，这种教学模式并非要在整堂课或是该学科的所有课时铺开，毕竟它只作为挖掘调动学生主观能动性的一种教学方式，可以作为阶段性的课程，或是作为一堂课中的一个教学环节。

三、打造适应时代发展的专业化音乐教师队伍

能够适应时代发展的专业化音乐教师应该是理论与实践并重的，这要求学校在专业教师的培训上要有所侧重，我们认为，培训应主要围绕三个环节：理论培训、课程观摩以及课程实践。

（一）理论培训

理论培训主要解决教师在教学中遇到的：为什么教、教什么、怎样教、教怎样、等问题，理论培训应为教师的专业成长指明方向，为教师在教学过程中提供更加开阔的思路，并起到帮助教师摆正角色，提升职业素养的作用。

我们认为，明确理论培训的重要性后，应该了解所需要的培训者与培训内容。

理想的培训者对于即将培训的内容以及预计效果有着非常清楚的认识，并注重培训实效。那么如何在培训前对培训者做判断呢？我们可从课件、已有的培训成果、以及培训效应等多方面的讯息中了解。另外，学校还应根据自身在教学资源、课程内容与教学目标等方面的欠缺来寻找实际而有效的理论培训内容，这不仅可以采纳专业教师的建议，还可以在听课、评课的过程中总结。

（二）观摩学习

观摩学习主要是通过借鉴他人的教学经验，引导教师在课程实践方面开拓教学思维，观摩学习活动能够最直接地给予教师更广阔的思路。我们首先要了解观摩学习的模式，主要有三个：一是本校优秀教师课观摩；二是外校优秀教师课观摩；三是非公立学校教师观摩。本校优秀课教师观摩是属于校内教学资源的共享，受限于学校内部的教学现状，当然这也起到了调动大家共同进步的目的；外校优秀课教师观摩是大部分学校乐于参与的观摩学习活动，好处是能够走出学校、走出市区，突破局限性，开拓教学视野，收获新颖的教学资源与教学思路；他们可以是培训机构的专业教师，也可以是专业表演者，这种观摩学习活动的好处是引导教师获得教学以外的专业性知识。

（三）重视实践

重视实践主要指的是在理论学习与观摩学习之后教师的反馈，即落实到教学实践中来。这也是音乐校本课程培训中最重要的环节，如果说前两者主要体现在"培"上，那么教学实践这个担子是否完全落在校长一个人身上？校方应该是学校的整个领导班子，包括：校长、副校长、教学主任、德育主任以及后勤主任，等等，其中，校长、副校长以及教学主任应该作为音乐校本课程的主要评价方与调控者。关于课程评价的具体实施，我们有如下参考建议：首先，校方应该从评价时间、评价对象、评价内容以及评价标准做出设想。这里评价时间应该是阶段性的评价时间点，如按周、按月或者按季度来评课，具体要根据学校的实际情况；其次要明确课程的评价对象，应是课程本身而不是教师，这是由评价的内容决定的，评价内容应包括教学目标、教学重难点的体现，是否通过有效的教学方法解决目标与重难点以及教学方法是否新颖，等等；最后校方还应定出课程评价的标准，要根据学校的实际情况而定，标准不宜超过本校教师能够承受的范围。

（四）教师评估

校方评估的目的主要是引起全校师生的重视，改善教师的教学态度，调动教师的积极性，但无法从学科专业的角度去评估课程并给予教师专业性的指导与建议，这就需要通过教师间的互评来实现。

我们依旧要思考评价方与评价对象之间的关系，即我们要思考这样几个问题：作为评价人的教师是否一定要出自本学科专业，教师间的评价应该围绕课程开发的哪些方面以及评估的标准是什么。首先我们认为，参与评估的教师应该主要由本学科专业的教师组成，但非本学科的有着丰富教学经验的教师可以参与进来，这样做的目的是能够从专业与教学两方面来指导与评价课程。其次，由于评价本身以提高教师专业与教学为目的，所以教师间的评价应该主要围绕教学的三个主要环节展开，即导入、新授与小结，评价应该以是否达到预期的教学目标以及教学重难点是否得到解决为标准，在此基础上，考量教学方式、教学内容是否丰富以及教师教学状态是否具有吸引力，等等。

（五）学生评估

课程最直接的受益者应该是学生，所以学生的评估是最重要也是最有价值的。可是，是否所有的学生都要参与评估？怎样从众多的学生中取平均值来衡量课程教学的质量？评估的内容与标准应该是什么呢？我们有如下建议：

首先，所有的学生都要参与到课程评价中来，这不仅能够调动学生主动学习的积极性，还能够提升校本音乐课程的重要性，只有受到学生的喜爱和重视，才能够促进教学的进一步发展。其次，如何在众多学生中取平均值来衡量课程教学的质量，我们可以采取评价取样或者采纳大多数的方式，评价可以分为优、良、需努力三个等级，也可以采取五分制的方式。当然，所有的评价都要依据评估的内容来考量，如何从学生的角度来考量课程？我们一定要结合核心素养的内容，即从学生"学"的角度出发，评价的标准可以是你是否学到了，你已经掌握到什么程度，对本节课你还有什么疑惑，等等。

综上所述，无论是从哪个方面推进音乐校本课程的开发与建设，都以核心素养的理论为指导，本文提出如上教学建议，是结合了我们的实际走访调研的结果以及在研究核心素养后的一些个人想法，在这里仅供参考。

第五章 核心素养视角下的小学音乐欣赏教学

第一节 小学音乐欣赏教学概述

音乐文化理解是通过音乐感受艺术过程来实现，它的内涵是通过学习熟悉并热爱本国的音乐文化，理解世界音乐文化多样性，培养学生的审美能力。音乐感受的过程分为以下三个标准：感受与欣赏艺术作品、理解母语音乐文化内涵，了解世界音乐文化和理解音乐与其他学科。

一、感受与欣赏艺术作品

从广义上来说，感受与欣赏是整个音乐学习活动的基础，就是说在各项音乐实践中，它都是最基础的一步。狭义上来说，感受与欣赏也需要学生有很多知识与技能的累积，然后逐渐形成一定的感受能力与欣赏能力。感受与欣赏艺术作品具体可以分为以下四点：音乐表现要素、音乐情绪情感、音乐体裁与形式、音乐风格与流派。这些内容主要体现在和创编与活动板块的练习中以及教材曲目中。

音乐表现要素包括音色、节奏、力度、速度和旋律等。音乐表现在教材中主要是通过活动练习来体现。比如四上《牧歌》中听旋律出现了几次，哪次高？

71

哪次低？说说感受以及说说歌曲前后两个部分在节奏上有什么变化。此外，《哦，十分钟》中的试着用有力度对比的声音来演唱。通过上述练习，学生能够学会听辨旋律的高低起伏以及区分音乐的基本段落。再比如会有一些涉及到不同乐器的乐曲，不同编制的合唱曲目，也会有相应练习使学生去记住不同乐器的音色，不同人声的音色。在后续学习中能够不断去辨别各种音色。通过对这些音乐的学习，学生能够较为直观的感受到音乐表现中的各种要素。

音乐情绪情感也是通过教科书中的活动练习来体现。比如四上《梦幻曲》随音乐用"唔"哼唱，并用身体动作表现旋律的起伏。《火车托卡塔》了解乐曲想要表达的情感？五上《打猪草》两段音乐情绪有什么区别？像这些练习可以锻炼学生听辨音乐不同情绪的能力，对不同音乐有相应的表情体态反应，并能够用语言做简要描述与交流。

丰富的体裁形式与风格流派的可以拓宽学生的眼界，小学音乐教材选曲就非常多样化，有少年儿童歌曲和颂歌、抒情歌曲、叙事歌曲、艺术歌曲、流行歌曲，等等不同体裁的曲目，也有不同形式的合唱曲目，大小型器乐曲，等等。同时，教材中还有少数民族歌舞、民间器乐曲和戏曲等具有中国民族特色的音乐。对世界其他国家民间音乐的乐曲，教材中体现的比较少。

二、理解母语音乐文化内涵、了解世界音乐文化

感受音乐中表达的不同情感，了解不同民族的音乐特征，切实理解民族多样性，需要对不同时期的优秀世界音乐文化作品进行不断探究。促使学生熟悉和掌握民族音乐文化历史，并了解世界音乐文化，进而更加理解并热爱音乐文化。

在所分析的音乐教材中，对世界音乐文化的有较多体现，而对中国的音乐文化知识却稍显单薄。每个国家都有自己国家的优秀音乐作品以及音乐特点。中国音乐文化不应该是简单地感知音乐，而是应该体现出中国丰富的音乐文化内涵以及民族的历史、思维和民族审美和价值观等哲学体系。在教科书中，我国民族音乐的曲目确实占了很大一部分比例。但是在相关练习中对民族音乐文化的学习比较浅层，只是简单聆听欣赏中国各地民族音乐，了解

相关民族音乐知识，理解母语音乐文化并没有完全落实到教学与教材中，原因有两点。

一是中国主流音乐源于西方音乐体系的深植，其音乐观念、创作理念、价值体系等，都对中国的基础和专业音乐教育产生重要的影响并占据着主要位置。

二是既没有中华音乐理论的支撑，又没有优秀传统教学法的介入。我们无法建立系统的中国音乐教育体系。我们应该充分挖掘母语教育资源，并借鉴引进国外先进教育系统与教学法，将两者结合起来建立真正的民族母语教育体系。

我们民族有自己独特的民族调式、韵律节奏、旋律织体。这才是我们母语音乐文化的土壤与根基。

三、理解音乐与其他学科

关注音乐以外的艺术学科、人文学科、自然学科。通过教材中列出的音乐材料可将音乐与其他学科相互联系，学生能够将音乐学科中的艺术观点应用于其他学科和日常生活中，这种方式能够大大开阔学生的艺术文化视野并加深对音乐艺术的理解。在教材中，音乐与其他艺术学科的综合练习还比较多，比如六下《关山月》中的练习题"随音乐默诵古诗，体会古琴曲的意境"；《花非花》中的练习题"注意词的声调和旋律音调的紧密结合并表现歌曲的意境"。通过以上教材练习题，可以让学生了解人类情感表达的不同方式，除了音乐艺术，诗歌也能表达内心情感。若将两者充分结合，可以给学生更多样的艺术文化体验，并提升他们的感知及鉴赏力。

同时，人类的文字也可以通过音调和韵律等音乐形式予以表现。再比如四上第四课活页练习第二题"聆听乐曲，并画出主题旋律的图形谱"。五下第五课的活页练习第二题"为脸谱涂上颜色，看谁涂得更好看"。音乐是声音的艺术，美术是色彩的艺术，它们均是人类表达情感的意识方式。上述教材中的习题将音乐与美术两种艺术形式紧密交织，促使两种艺术形式的互相联系与借鉴。音和画的交织使学生能在画面里听到声音，在声音里尽情绘画，这是培养学生情感能力和想象力的有效途径。但音乐与艺术以外其他学科的融合在教材中就基本没有体现，所以就没有进行展开分析。

第二节　小学音乐核心素养教学实施建议

小学音乐课程是学生基础教育中不可忽视的重要学科，探究音乐知识既是培养小学生审美能力、艺术创造能力的有效措施，又是提高学生综合素养的重要手段。因此，小学音乐教师就要突破传统教学模式的枷锁，创新教学内容，让学生在活泼、有趣、灵活的课堂环境中感受音乐的美妙和不同，带领学生在欢乐的氛围中均衡地提升核心素养的各项内容。

一、创设良好情景，激发学生探求欲望

兴趣是带领学生探索音乐未知领域最好的老师，而为学生创设良好情境是激发学生探究兴趣的重要措施。因此，小学音乐教师就要在课上为学生创设一个能够感受到"虚无缥缈"音乐的环境，使学生能够在音乐氛围中更好的感受音乐的内容和作者的情感。

例如，教师在广州花城版二年级下册"动物世界"一单元中的《螃蟹歌》中，就可应用"情境教学法"，为学生呈现声动的歌曲情境。在课上，教师可先将与该首歌曲相关的图片进行整理和剪辑，制作成 PPT 教案，在课堂导入部分给学生观看，让学生对该首歌曲背后的信息有轮廓性认知。在学生观看完后，教师可引导学生聆听该歌曲的完整版，使学生在充满欢乐气氛的课堂里积极挖掘音乐知识。接着，教师可要求学生结合自身生活实际讨论从该首歌曲和图片中获取的信息。在学生的讨论过程中，教师要仔细、认真地聆听，但对学生在讨论过程中使用的方法和实际探究内容，教师不做过分干涉。同时，教师要及时反馈学生提出的疑问，但不以消极负面的主观态度评判学生提出问题的难易程度。学生在讨论完成后，教师要引导学生阐述最后的结论，在某一同学进行分享时，教师可鼓励其余持有同一观点的学生根据某知

识点进行拓展和延伸，让该信息更加丰富和多元。最后，教师再以此为线索带领学生学习该歌曲内容。

通过这样的教学方式，学生能够直观地感受到音乐学习与自身生活有密不可分的联系，从而自然地理解音乐、感受音乐，使音乐课堂更加高效。

二、丰富教学模式，拓宽学生音乐视野

处于小学阶段的学生会随着年龄的成长，逐步凸显自身的自主意识和竞争意识，因此小学音乐教师就要充分应用这一优势，丰富教学模式，使学生能够在良性竞争中拓宽音乐视野。

例如，在教学广州花城版六年级上册"多彩的乡音"一单元时，结合其中涉及的民歌，教师可应用"游戏教学法"，带领学生发掘民族歌曲中的乐趣。在课前，教师可先将与"民族节日"相关的主题内容发布给学生，让学生在父母的帮助下收集和学习具有民族特色的歌曲，并将其背后的故事或创作信息进行整理带往课堂中，进行辅助展示。在课上，教师可先将该堂课程的歌曲播放给学生聆听，并由此开展"民族歌曲分享擂台赛"。教师随机邀请一名学生进行片段演唱和讯息分享，在该同学进行展示时，其余同学可根据内容提出疑问，展示同学应用辅助手段，进行二次剖析。在该同学展示完成后，教师可邀请第二名同学以同样的方式分享歌曲和知识，在两名同学均完成表演后，教师要引导其余同学根据歌曲片段的演唱、知识的分享效果留取一名同学继续接受第三名同学的"挑战"，以此类推。最后，教师要综合学生的新鲜资讯，并将其过渡到该堂课程中的核心部分，进行深入教学。

三、尊重个体差异，落实分层评价体系

不同的学生会因为多种因素形成较为明显的差异，如：家庭背景、教育方式、学习需求、个性特点，等等，而这些差异又会直接影响学生的诸多能

力，如：学习能力、探究能力、感知能力、分析能力。因此教师就要尊重学生的个体差异，对不同学生进行分层评价，使每位学生都学有所得。

针对学习能力和音乐感知能力相对较强的学生，教师就要引导学生突破自身局限，探究音乐背后更深层的知识，体会音乐带来的不同情感，运用丰富的想象力进行自我创作，并运用多种方式进行表达。针对学习能力和音乐感知能力相对较弱的学生，教师就要给予该层次的学生更多的关心和帮助，使学生始终在积极、正面的课堂氛围中参与知识学习。在该层次学生进行反馈时，教师就要根据学生的实际情况，有针对性、目的性地引导学生扎实地掌握相关的基础知识。

在学生进行音乐作品展示后，教师要引导班级学生进行相互评价，挖掘不同学生的优势和长处，并将其转化为推动自身发展的催化剂，实现班级整体性提高的目的。

综上所述，小学音乐教师要根据现代教育领域提出的新要求和大时代背景有针对性地调整教学模式，秉承"以学生为本"的教育理念，帮助学生更有效地挖掘音乐知识，让音乐课堂丰富、生动、形象且质量高，从而提高学生情商，理解音乐的情感表达，培养学生的音乐核心素养，使音乐课堂熠熠生辉。

第三节　小学音乐核心素养在欣赏课教学中的应用

一、小学音乐欣赏教学概述

音乐欣赏教学是《音乐课程标准》内容的一个领域，它包含了音乐表现要素、音乐情绪与情感、音乐体裁与形式、音乐风格与流派四个方面。"感受与欣赏是音乐学习的重要领域，是整个音乐学习活动的基础，是培养学生音乐审美能力的有效途径"。通过对古今中外优秀音乐作品的欣赏、分析和讲解，培养学生高尚的审美情趣和音乐鉴赏能力，扩大音乐视野，发展形象思维，并获得有关音乐史及音乐表现手段方面的基础知识是欣赏教学的主要任务。在小学音乐教学中，欣赏课所占比重较大，旨在培养学生的音乐审美能力，提升学生的音乐素养。在教学实践中，主要选取我校音乐欣赏课为研究对象，研究音乐核心素养在欣赏课程教学中的应用。

二、小学音乐核心素养在小学教学的实施建议

在实际的欣赏教学中，许多教师还对小学生的音乐核心素养的形成找不到方向，不知道用什么方法引导学生获得并形成实际的音乐能力，我们结合我校的众多教学实例，为广大一线教育者提供以下几点建议，供大家参考。

（一）树立音乐教师的音乐核心素养培养理念

教育理念来源于教育实践，是方向的引领，具有指导意义。只有教师树立了音乐核心素养培养理念，才能在教学实践中加以运用，逐步引导学生形成相应的学科能力，进而形成将来能适应社会发展需求的核心素养。成都市泡桐树小学蜀都分校自 2012 年建校以来，一直重视各学科建设，尤其重视学生的能力形成。教师是学生的引领者，所以教师树立学生核心素养的培养理念、为让学生最终形成相应的学科能力而努力非常重要。为此，我校先后聘请了成都市某校优秀音乐教师李老师、郫都区音乐教研员周老师、成都市音乐骨干教师熊老师等为我校音乐老师做了专题讲座，每位老师都从不同的角度强调了小学音乐课程的重要性，要求我们不要丢失音乐学科的音乐性和实践性，注重培养学生的音乐核心素养，使学生形成相应的音乐学科能力，从而培养学生的核心素养。

（二）教学过程中充分融入音乐核心素养培养目标

中国现阶段的教育目标是培养青年、少年、儿童在品德、智力、体质等方面全面发展，成为有理想、有道德、有文化、有纪律的建设人才。音乐学科核心素养的

培养目标是层层递进的，那么，在平时的音乐课中，教师应注重音乐核心素养的培养，关注学生基本的素质和能力，调节课堂目标要求，积极应对课堂变化，启发学生进行音乐体验、实践和创新，逐步让学生形成音乐核心素养。

例如，学校音乐教师团队根据《音乐课程标准》的指导要求，经过实践经验，在学校的带领下建立了学生关于音乐欣赏教学的对应年段目标。例如，在低段的目标是让学生能够听辨相应乐器音色、音的长短、通过旋律片段再认歌曲；中段就要求学生能够听辨声乐的至少四种演唱形式、分辨乐曲体裁等；而高段能感受常见的中国民族乐器与西洋乐器的音色，进一步听辨声乐的演唱形式。这也反映了目标的制定即遵循了小学生的身心发展特点，也体现了我们在前文所提出的核心素养"金字塔"模型，层层递进。

（三）重视音乐课的音乐性和实践性特点，兴趣教学贯穿课堂

兴趣是最好的老师。小学生的音乐兴趣极易激发，但却具有不持久稳定的特点，从心理学的角度讲，那是由于小学生的有意注意时间不长导致的。但又由于小学生的身心特点，教师完全可以利用情境创设、感知理解、音乐游戏、节奏创编、乐器合奏等一系列方法践行音乐性和实践性的特点，利用有意注意与无意注意结合的方式培养学生的音乐核心素养。

学校应该重视教师的发展，提出一系列提升教师工作能力的措施，其中"课例研磨"的实施得到了广泛的好评。音乐教师通过课例研磨，在吸取他人经验和优秀做法的基础上，结合自己的见解和特长，牢牢把握音乐课程的音乐性和实践性的特点，在反复上课的过程中培养学生的音乐学习兴趣，提升自己的教学水平。

（四）构建学生音乐核心素养评价体系

虽然《音乐课程标准》明确建议我们运用多种结合的方式进行音乐评价，但由于音乐的特点，要构建与音乐核心素养相关联的评价体系是有一定难度的。

我们要将音乐学科中不易测量的内容转换为可检测的量标，从而对学生的音乐素养进行客观评价。例如，在欣赏内容中，教师可以多用听辨的方式

考查学生掌握的程度（例如我们在《同伴进行曲》这一教学案例中的最后让学生听辩乐曲风格就是如此），这样，检测的结果也就客观了。那么，如何更好地构建学生音乐核心素养的评价体系呢？

首先，教师通过平时课堂评价、期中过程性评价和期末终结评价，了解学生学习情况。

其次，评价内容以《郫县学生能力测评方案》作为参考，评价方法可包括学生自我评价、互相评价和教师评价等，教师要分析学生在学习中存在的不足的原因，促进学生发展，引导学生进步，实现多元评价。

最后，及时使学生了解评价结果。尽量通过评价达到激励学生主动积极学习的目的，改变传统纸质测试中分数带给学生的压力，尽量使评价成为一种促进学生积极进步的激励机制。

当然，对学生的个体音乐核心素养的评价是多方面的、是复杂的，教师还要根据自身实际多维度多方面构建音乐核心素养的评价体系。

第六章　核心素养视角下的小学唱歌课教学设计

第一节　小学唱歌课教学设计理论概述

一、小学唱歌课教学设计的概念

小学唱歌课是基于1～2年级、3～6年级两个学段欣赏课除外的唱歌综合课。小学唱歌课教学设计首先是针对小学，其次是唱歌课，最后是基于前两者的教学设计。唱歌课的教学设计包括教材分析、学情分析、教学目标、教学重难点、教学方法、课堂生成、教学机智等多方面的设计。对唱歌课而言，其最终目的是使学生通过学习，从唱会歌曲到会唱歌曲。"无论在何种情况下，唱好歌的标准都应该是节奏、音高准确、音色愉悦。"要求教师对每一个教学环节缜密设计，针对不同音乐作品的音乐要素进行全方位分析，将分析过后的精彩设计带入音乐课堂，对音准、节奏、声音等加以有效处理，再深入展开教学，最后完成歌曲的学唱，如此，小学唱歌课教学设计的目的方可达到。

二、小学唱歌课教学设计的特征

（一）基于教学内容

基于教学内容，小学唱歌课教学设计具有多元化的特征。小学音乐教材，以人民音乐出版社教材为例，所涵盖的学唱歌曲曲目多达 192 首，每一个单元主题不同，各主题包含不同的歌曲类型，每一首歌曲又都具有不同的音乐风格。因此，192 首歌曲，看似涵盖的是 192 个教学内容，实则还要更多。如此庞大的教学容量，自然对音乐教师的教学设计提出了更高要求。每一首歌曲的教学设计都应以学生为中心，从教材出发，从教学内容入手，尽可能多地给予学生在音乐上的需求，目的是使教学设计能够与教学内容交相呼应，非背道而驰，严格按照教学内容设计的同时，又要创新教学。

（二）基于学段学情

基于学情，小学唱歌课教学设计具有因人而异的特征。学情分析乃教师备课的必要环节。若只了解教学内容，不了解所教授学生情况，很难有精准而又精彩的教学设计。大范围讲，每一个年级学生不同，小范围看，每一个班级学生不同，每一个小组学生不同，甚至每一个学生都各有特点，因此，需尽可能地保证大多数学生在一堂音乐课中学到更多的音乐知识和技能。

依据《义务教育音乐课程标准（2011 年版）》，小学低学段的范围是 1～2 年级，于低学段唱歌课的教学设计而言，要求音乐教师立足于学生的年龄段特点，深入挖掘教学内容和歌曲风格类型，力求让学生唱会歌曲、会唱歌曲，离新课标对低学段教学的要求和目标越来越近。

（三）基于设计理念

基于设计理念，小学唱歌课教学设计有与时俱进的鲜明特点。音乐设计理念，又可称音乐设计愿望。每一时期教学理念不同，设计理念也就有所差异。简单来讲，音乐教学设计理念是：让学生喜欢唱歌、爱上唱歌，唱会歌、会唱歌。先进且有效的设计理念，对唱歌课的教学设计起着引航作用。理念是付诸课堂的先行，良好的教学设计可以推动课堂有序、有效进行。设计理念一旦缺失，教学设计就面临瘫痪，导致整堂课不能达到新课标的要求。因此，授课教师的音乐思维要始终站在时代前沿，及时关注教育部制定的音乐大纲、标准以及各大会议所提出的新观念，丰富音乐教师的文学思想和艺术思维。音乐设想理念固然简单，也很难付诸实施，还要着眼于教学内容和学情，将三者结合起来，方可达成预期目标。

第二节　核心素养视角下小学唱歌课教学设计
的内容及思路

　　小学阶段是学生音乐素养提升的关键时期，低学段在音乐素养的培养中更是有着举足轻重的地位。音乐教学设计是一堂课的支撑，设计是否准确，是否可以有效达到教学目标，是否具有创新性，对教学起着至关重要的作用。以下是对小学低学段唱歌课教学设计的内容及思路分析，正确把握设计内容及思路对有效教学可以起到一定作用。

一、小学低学段唱歌课教学设计内容

　　小学低学段唱歌课教学设计的内容大致体现在教材层面、学段学情、教学目标、教学过程、教学方法、教学评价六个层面。每一个层面都从不同角度对唱歌课教学设计的特点予以分析，深入剖析每一个层面，会对其特点有更精准的把握，同样，对音乐课的有效教学研究具有一定的参考价值。

（一）教材层面

目前，音乐教材版本可谓繁多。常用的音乐教材版本有：人民音乐出版社、人民教育出版社、花城出版社、湘版、苏教版等，使用较为广泛的是人民音乐出版社。不同地区采用的教材版本各异，每一个单元的设置各不相同，涵盖主题丰富。每一个版本的教材内容都是优选适合小学音乐教学的、具有代表性的精品、名作、新作，真正体现了"与时俱进"，在每一次调整和改革中，适当增加了中华优秀传统音乐作品，突出了育人为本的理念。教材的编写方面注重人文性与音乐性的关系。教材内容包括唱歌综合课、欣赏课等，不同的歌曲类型需要采用不同的教学设计方式来教学。以人音版教材为例，教材中唱歌课多达 192 首，歌曲能否深入学生心灵，与歌曲的有效设计分不开。因此，要从教材出发，从歌曲本身出发，采用适合有效的设计方式，以期对音乐素养的提升带来帮助。

（二）学段学情

根据《义务教育音乐课程标准（2011 年版）》，小学分为两个学段，分别是低学段 1～2 年级和中高学段 3～6 年级。处于低学段的学生，年龄大都介于 6～8 岁之间，处于该年龄段的学生，由幼儿园步入小学，各方面的接受和认知能力与其在幼儿园期间所处的环境有着极其重要的关系。在音乐的接受和认知方面，除了成长初期所接触的外界环境，与其自身的天赋也是分不开的。低学段的学生声音较为稚嫩，男生女生声音差别较小，音色颇像，真声居多，在歌曲演唱过程中，强弱对比尚不明显，缺乏一定的音乐性，需要音乐教师运用恰当的方法加以引导。

"对学龄前和小学低年级学生来说，他们对音乐的想象，需要更多地借助于歌曲的歌词、乐曲的标题、乐曲的故事情节。"从低学段初期让学生渐渐渗透音乐的感觉，培养学生处理歌曲的能力，从简单的音乐知识、音乐技巧，升华到音乐的情感，帮助该学段学生循序渐进且有效地提升音乐素养。低学段学生的声音类别属于童声，其音域较为宽广，高中低音区的音色偏亮，且该学段学生学唱歌曲的能力较强，速度较快。由于低学段教材中的歌曲是按着学生的认知和接受特点设置，大部分学生都能够很容易地学会并且理解歌曲，如此一来，提升学生的音乐素养不只是小学中高学段甚至中学教师的任务，而是要从低学段开始，就要为提升学生音乐素养做好充分准备。

（三）教学目标

根据《义务教育音乐课程标准（2011 年版）》，课程目标有三个维度：情感·态度·价值观，过程与方法，知识与技能。"学生通过音乐课程学习和参与丰富多样的艺术实践活动，培养美感，健全人格。学习技能，发展各方面能力。丰富情感体验，促进身心健康发展。"教学目标在不同学段的设置有所不同。低学段的目标设置建立在低学段学生生性活泼好动的基础上，该学段学生善于表现自己，对新鲜事物充满好奇，并且乐于与他人合作，积极主动参与表演唱等实践活动。因此，根据音乐课程标准，教学目标的设置要参照三个维度，依据低学段的学生特点，撰写教学目标时切忌把目标写得过大、不切实际，目标应具体，符合学生的需要。

以人音版音乐教材一年级上册第八单元的学唱歌曲《龙咚锵》为例，该歌曲置于教材第八单元，可见学唱这首歌曲的时间适逢冬日，年关将近，因此，在学唱时会更加有氛围，设置教学目标要明确。情感·态度·价值观目标：学唱歌曲"龙咚锵"，表现了过年时的愉快心情；过程与方法目标：在体验、模仿、合作的多种形式中，感受合唱和表演唱的魅力，更好地表现歌曲；知识与技能目标：能用轻快、有弹性的声音，富有感情地演唱歌曲，并能用乐器为歌曲进行伴奏。根据所设置的三维目标可以看出，学唱、感受、律动始终贯穿整个课堂，符合小学低学段学生的年龄特点和心理认知特点，容易学会歌曲。由此可见，音乐课的成功之处在于有没有达到三维目标，若未达到，说明所设置的目标与学生的接受和认知能力有所偏离。是否达到教学目标是课堂教学效果的依据。

（四）教学过程

教案的撰写包含诸多方面，教学过程是撰写教案的重中之重。严格把控好教学过程，是上好一堂课的关键所在。教学过程大致有四个环节，分别是：

导入、授新课、拓展与延伸、小结。脱离了哪一个环节，课堂都不够完整。从时间角度分析：小学一堂课35分钟，一般而言，导入部分时间约3分钟；授新课环节约20分钟；拓展与延伸环节用时约10分钟；小结部分用时约2分钟。由此可见，授新课环节用时最多。这一环节中要进行歌曲聆听、教唱、学唱、处理重难点等，此环节的成功，预示着拓展延伸环节顺利有效地进行，倘若没有很好把握授新课环节，拓展环节就无法创编或进行表演。但在实质上，课堂教学结构并不仅仅指课的基本环节运行时表现出来的时间流程。对于教学过程而言，授新课是其最重要的环节，而这四个环节环环相扣、紧密相连、缺一不可。

1. 导入

导入的形式可谓多种多样，图片导入、音频导入、视频导入、提问式导入、讲故事导入、律动导入、钢琴导入、猜谜导入等，无论何种方式，切忌脱离音乐。导入最鲜明的特点就是引导学生直观地进入音乐，要与音乐有关，不可绕来绕去。导入一定要遵循用时少的原则，超过3分钟的导入会使学生产生疲劳感，在吸引学生眼球时应尽快地进行到授新课环节，迅速捕捉学生对将要学唱歌曲的兴趣，便于接下来歌曲的学唱。对低学段学生而言，任何一种导入方式几乎都会令他们产生兴趣，用最积极兴奋的状态配合教师，这就是音乐课的魅力所在。导入环节为学生学唱歌曲开启了一扇门。

2. 授新课

授新课环节的重要性不言而喻，是整节音乐课的支撑与重心，每一首歌曲的风格、知识、技能、演唱方法等学习都在此环节进行。低学段的授新课环节一般分为六个小环节：聆听歌曲（带问题）至少两遍、教师范唱歌曲、哼唱旋律、按节奏读歌词、词曲结合演唱、处理重难点知识，这六个小环节可根据不同班级学生的学情改变顺序，也可换作其他环节。但总体而言，每一步的精心设计都要符合学生的接受和认知，教师可按照自己的讲课风格对课堂加以调整，目的是让学生在短短20分钟内快速且有效地学会歌曲。"授""新课"词性一动一名，显而易见地说明教师要引导学生，并且选择适当的方法教授，保证学生学会歌曲。因此，说授新课环节是整堂课的重要环节，没有此环节，音乐课基本可视为复习课。

3.拓展与延伸

拓展与延伸是另一个环节，与授新课环节紧密相连，离开授新课环节，拓展延伸就无法进行。拓展与延伸是两个不同的概念，拓展是对本节课所授新歌的拓展，延伸是本节课所授歌曲之外的延伸。拓展的方式有：改变歌曲的速度、力度、节奏、歌词、旋律、强弱、风格等，对低学段学生而言，改变歌曲的速度是较为简单的，除此之外的改变节奏、旋律、歌词等都有一定难度，因此，此学段不宜使用后者，应多使用前者。拓展还有一个较为广泛使用的方式，那就是合唱比赛，男女生分两组，男生唱时，女生担任小评委，并做出评价（优点和不足两方面）；女生唱时，男生担任小评委，做出评价，这样达到了新课标的评价要求——生生互评，最后教师进行总评价。延伸是所授歌曲之外的形式，如播放一首与本节课有关的其他风格的歌曲、观看一段与本节课相关的舞蹈视频等都可以。拓展延伸环节形式不限，只要可以有效地对本堂课内容加以巩固，目的就算达到，让学生在授新课环节后体验到不同的拓展方式，充分调动起学生学习的积极性。

（五）教学方法

音乐教学方法多种多样，为了使音乐课堂更丰富，每节课有趣且不同，需要大量且适当的教学方法来辅助教师进行教授。同一种教学方法适用于不同的歌曲教学，不同的教学方法也可以适用于同一首歌曲教学，因此教学方法的运用理应因生而选、因曲而择。常用的音乐教学方法有：聆听法、范唱法、观察法、情境创设法、讲授法、分析法、听唱法等。这里着重提到的是情境创设法，此方法在任何一首歌中都可使用。创设一种情境，使学生始终在情境中学习，摆脱原有的教唱学唱模式，情境教学，启发式教学，使学生在不知不觉中学会了歌曲，渐渐体会到音乐的美感，以此更好地调动学生学习的积极性，引导启发他们理解歌曲的深刻内涵。

（六）教学评价

教学评价发生在教学中和教学后，根据《义务教育音乐课程标准（2011年版）》，评价的方式与方法有：形成性评价与终结性评价相结合，定性述评与定量测评相结合，自评、互评及他评相结合，在此，着重提到的是第三种评价方式。自评是指学生对自己的评价，对课堂问题的回答及歌曲演唱的效果等做出自我评价；互评及他评包括生生互评、师生评价，针对每位学生在课堂中的表现，生生互相评价，最终教师总结评价。评价内容既包含优点又包括缺点，评价是多方面、全方位的，客观而非主观，要有理有据，根据课堂上的真实情况进行评价，才能达到评价的真实效果和真正目的。

二、小学低学段唱歌课教学设计思路

根据《义务教育音乐课程标准（2011 年版）》，唱歌课在教学设计中需要开阔的思路，良好的设计思路对有效教学及提升学生的音乐素养起到重要的作用。

（一）设计形式多样化，引导学生参与实践

音乐教学设计的形式多种多样，如何从众多形式中选择恰当有效的方式进行教学是教师的首要任务。教师应时刻依据学生学情，所做的设计要符合该学段学生的接受与认知。从授课环境方面讲，音乐课的设计形式可以从室内走向室外，从教材角度讲，根据音乐教材各单元的歌曲设置，可采用主题整合、结合教学的创新方式，引导学生积极参与音乐课堂实践。

（二）走出课堂，体验学习

小学低学段学生的突出特点是有强烈的好奇心，对新鲜的事物特别感兴趣。同时，活泼好动、自制力较为薄弱也是该学段学生的真实写照。学生在35 分钟的音乐课堂中并不能完全集中精力学习，每隔几分钟身体需要动一次，精力需要分散一次，一堂课下来，这样的状况会多次反复。此时，作为音乐教师，若音乐教学设计的形式较为单一，提不起学生的兴趣，会大大降低教学效率。小学课堂的授课模式大多为室内授课，聆听、学唱等授课方式在一成不变的情况下使得学生与教师会产生厌倦情绪，教授热情不高，学习情绪低落，在此种情况下，不妨换一种授课方式，将室内授课转移到室外，例如操场，为了保证学生的安全，最好选择校内，操场可作为要选择的场地。尤其在学唱有关大自然、四季以及三拍子等律动性较强的歌曲时，可由音乐教师组织学生在操场上尽情体验音乐带来的美好，让学生参与实践，在真正的大自然中体味音乐所带来的美好。操场不仅仅是用来上体育课的场所，音乐课也可以。这种授课模式在使用时，教师可根据教学内容及学生状态予以选择恰当的授课地点。

（三）主题整合，结合教学

根据人音版、人教版、花城版教材中歌曲的设置，每一册中的歌曲大致分为七八个单元，每一个单元都有其各自的主题。每一个单元下设两首学唱歌曲，紧扣单元主题。表面看似每个单元间毫无关联，但其实通过媒介，某些单元间就会有直接或间接的联系。以人音版教材一年级下册为例，一年级下册共八课内容，第一课的主题是"春天"，学唱歌曲分别是：《春晓》《布谷》《小雨沙沙》；第二课的主题为"放牧"，学唱歌曲分别是：《牧童谣》《放牛歌》，在主题上看两者并没有很大联系，习惯的教学方式是先学第一课，后学第二课，但其实，两课的内容未尝不可以结合进行，用同一样事物连接这两个看似毫无关联的主题，那就是"青草"，春天来了，草儿绿了，欢乐的牧童去往青草地放牛，这样的学唱方式或许会起到不同的效果。这就是充分利用了主题整合、结合教学的方式，将本无联系的两个教学内容整合到一起，在一堂课中两首歌曲同时进行，利用两个课时，使学生充分学会歌曲，这也是一种新颖的教学方式。此种教学方式的运用要依据学生学情，最好采用情境教学，将两个主题结合学习。教材是固定的，但教师和学生是活跃和创新的。

二、知识技能趣味化，凸显音乐学科特色

音乐学科在众多学科中拥有自身的特色，它并非单纯地进行枯燥的理论知识与技能学习，而是通过多种教学方法和手段进行知识的讲解。据多年的学习经验了解到：其他文理科教学的终极目的是通过某些教学方式和手段使学生达到掌握并熟记某一知识点，获取高分。然而对于音乐科目来讲，令学生获得音乐知识并非是音乐教学的终极目的，而是有效地借助这些知识点与技能，使学生唱会歌曲，以致会唱歌曲，丰富学生的音乐审美体验。

（一）依据学生特点，游戏激趣教学

小学低学段的歌曲具有简单、朗朗上口的特点，从旋律、歌词、节奏到歌曲内涵都较为符合小学生的接受与认知。游戏在孩子从小到大的成长过程中起到了非常重要的作用。学前阶段大部分的学习也是通过游戏来实现的，因此，初入小学，在音乐学习中加入游戏设计，会大大激发学生的学习兴趣。依据歌曲内容，在导入、授新课、拓展等环节都可以加入合适的游戏。例如，在学习关于动物的歌曲时，导入部分可以将教室作为动物园，让学生扮演动物园的动物们，表现该动物的动作，学生可以依据自己的喜好给自己取一个好听的名字，待学生安静下来后，教师开始播放音乐供学生聆听。再如，在授新课环节，学习并巩固某首作品中的简单旋律时，教师可提前将某几个音做成签放入盒子中，让学生上台抽取，抽到哪一个，就让学生读出音符，有能力的同学可以将其演唱出来，这样的形式相比将音符写于黑板，枯燥地学习这一知识点要有效得多。抽签的方式充满未知感，学生便会觉得有趣。同时，对于抽到签的同学而言，所抽到的几个音符会令其记忆颇深。做游戏是孩子的天性，游戏经教师稍加改编，将其与学习结合，会对学习起到良好的作用。但是，设计使用游戏时要注意以下几点：在每一堂音乐课中，教师所设计的游戏切勿经常重复，防止学生出现疲劳感；一堂音乐课中，游戏次数无需太多，一至二项即可；课中的游戏要在小学生的接受范围内，难度切勿太大；一次游戏的时间不要过长，避免学生以游戏为主，忽略歌曲学唱。由此可见，游戏的设计需要教师有技巧地将其与歌曲内容相结合，这样才能有效地达到教学效果，提高学习效率。

（二）营造音乐氛围，丰富审美体验

根据音乐学科的特点，音乐课是非常容易营造音乐氛围的。营造音乐氛围，可以有效地避免因枯燥的知识技能给学生带来的无趣感。众所周知，音乐课是受学生喜爱的科目，但音乐课也是不受学生重视的科目，面对此种状况，音乐教师应运用多种教学方式、方法来摆正学生的心态，改变学生对音乐课的偏见，从而让学生重视音乐课，感受音乐带给他们身心的美感。在音乐课堂教学中，每一个班级都会有几位调皮的"坏学生"，使得整堂音乐课的进行会比较坎坷，教师要做的不是要与这几名学生"作斗争"，而是要找到让这些学生融入课堂、融入音乐的好方法。音乐是让顽皮的孩子安静下来的有效途径，可以净化心灵，使学生感受美和发现美。因此，教师要用所营造的音乐氛围去影响和改变学生。例如，在课堂开始的前几分钟，学生难以安静下来，此时，教师可播放几首比较有名的钢琴曲、古筝曲、小提琴曲等，起初，学生或许并未感受到教师的用意，慢慢地几节课下来，随着教师播放不同类型的曲子，欣赏到古典和现代的名曲，学生也渐渐地适应并且能够相对快速地安静下来。在学生聆听的过程中，教师可根据曲子风格提问学生听到作品的感受与情绪，在学生的回答中碰撞出火花，同时，学生向教师提问在聆听过程中的问题，教师运用典故、故事等方式巧妙地进行回答，也是对音乐知识点地讲解，这种讲解并非教师事先安排，而是学生主动提问，在这样的音乐氛围中，可以巧妙地解决音乐学习中的知识点。可见，创设音乐情境，营造音乐氛围在学生学习歌曲的过程中起着非常重要的作用。

小学低学段唱歌课教学设计的思路有很多，关键在于教师如何根据学生特点，结合教学内容，进行有效的教学设计，引导学生实践。并且能够在音乐教学中，让知识技能辅助音乐教学，而非学习音乐单纯为掌握知识技能，让知识技能趣味化，提高学生学习兴趣，提升音乐素养。

第三节　小学唱歌课教学设计限制调查与分析

音乐课堂教学离不开学生与教师，学生是主体，教师是引导者，两者都是课堂的参与者。为了进一步加深了解小学低学段唱歌课教学设计的情况，特此编制教师对唱歌课教学设计情况的调查问卷和学生对唱歌课学习情况的调查问卷，问卷涵盖以下内容：教师对新课标的解读情况、教师如何进行教学设计、教师对说课讲课的了解、学生对音乐课的期待值、学生综合素养是否得以提升等，以期所设置的内容对此次研究提供依据，从问卷中发现存在的问题，便于更好地提出有效对策。

本次调查采用抽样调查，选取的小学有的来自城市，有的来自农村，选取的学校类型有普通小学和特殊学校，共选取了济南市、滨州市、青岛市、潍坊市、日照市 5 个地市的 10 个学校作为调查对象，分别是：济南市解放路第一小学、济南市泺源学校、滨州市滨城区实验小学、阳信县勃李中心小学、青岛市香江路第二小学、青岛胶州市三里河小学、潍坊市育才学校、古城街道北洛中心小学、碑廓镇二朱曹小学、岚山区虎山中心小学，按照城区、乡镇（农村）、城乡结合部、特殊学校四种类型划分，其中，城区学校有 4 所，乡镇学校有 4 所，城乡结合部学校有 1 所，特殊学校有 1 所。在调查过程中，采用的方法有：发放问卷、电话访谈、谈话法、观摩学习。这样的调查方式有助于对当前各类学校的音乐课有更广泛和深入的了解。

为了能为本次写作提供数据依据，我们及时的与各调查学校的音乐教师取得了联系，与其进行谈话，简单了解了各学校的教学现状。问卷发放到部分教师手中，待教师作答后，认真听取了各位教师的意见，完善问卷内容。教师共发放 32 份，每个学校随机抽取 3～5 名教师填写问卷；学生问卷主要以一、二年级为主，学生问卷从每所学校随机抽取一两个班级，共发放 921 份，问卷的主要形式是选择题。

一、调查结果与数据分析

本次调查问卷的对象是教师与学生，针对教师层面的问题主要从三个方面进行设置：教师对新课标的解读和运用情况、教师对唱歌课的教学设计情况以及教师对说课讲课的理解实践情况，共 32 道选择题。学生层面所设置的问题主要从两个方面：学生对唱歌课学习的情况、唱歌课对小学生的影响程度，共 20 道选择题，辅以两道填空题。

二、关于教师对唱歌课教学的调查与分析

（一）教师对新课程标准的解读与运用

1. 您对新课标内容的熟悉程度

A. 非常熟悉 B. 基本熟悉 C. 不太熟悉

据统计数据结果显示，89%的音乐教师对音乐课程标准非常熟悉，可以将新课标的要求和理念运用到音乐课堂教学中，但是在真正课堂教学中把握不到位；7%的音乐教师对新课标基本熟悉，4%的教师对新课标不太熟悉。经调查发现，基本熟悉新课标的教师多为新任职的教师，教学经验不够丰富，对新课标的解读不够深刻，需要仔细研读新课标的内容，并运用到教学实践中。

2. 您会按照新课标所要求的原则、内容、环节来实施教学吗？

A. 会 B. 根据学生情况而定 C. 根据教学经验

据统计数据结果显示，68%的音乐教师会按照新课标所要求的原则、内容、环节来实施教学；25%的音乐教师会视学生情况进行授课，在新课标的基础上进行创新教学；7%的教师会根据以往的教学经验进行教学，只是少部分借鉴新课标的内容，更多的是依据经验进行教学，导致教学方式略显单一。

（二）教师对唱歌课的教学设计情况

1. 关于教学过程，您是严格按照导入、授新课、拓展与延伸、小结四个环节设计吗？

A. 是 B. 大多数是 C. 不是

据统计数据结果显示，76%的教师严格按照导入、授新课、拓展与延伸、小结四个环节进行教学设计，并且可以精心设计每一个环节，合理把控每个环节所用时间；18%的教师大多数情况下会严格按照四个教学环节进行授课，对每一环节的设计能够充分准备，达到较为良好的教学效果。但其中特殊学校的教师会更多根据学生的实际情况进行授课，6%的教师不会按照这四个教学环节进行授课，根据歌曲的特点，可能会缺少某一个环节，所用时间也不能合理把控，这种情况将导致不容易达到教学目标，还需要该部分教师精心设计每一个必备环节。

2.针对低年级教学，您会推崇采用律动教学吗？

A.会 B.不会 C.对其不够了解

据统计数据结果显示，这一问题两极分化的情况较为严重，分为支持律动教学与反对律动教学。支持律动教学的教师占55%，支持者在课堂教学中广泛采用律动教学，律动教学成为教学设计的常态模式；反对者占40%，不推荐采用律动教学模式，还是按照传统的、经典教学模式进行授课；5%的教师对律动教学不了解，即使有所了解，但由于认识尚浅，也很难运用。

3.学生在歌曲学唱方面存在较为严重的问题是哪个？

A.音准较差 B.节奏感差 C.缺乏表现力 D.嗓音条件不好

E.缺乏兴趣 F.声音缺乏美感 G.歌词不易熟记

可以发现，学生在学唱歌曲的过程中，音准较差所占比例较重，鉴于初入小学，缺乏练习，又因学生自身条件各异，对音准的把握难免不够到位；其次是节奏感，也与学生自身的音乐素质有关，需要教师加以引导，增强节奏感；嗓音条件不好也是学生学唱困难的原因之一，以上三者同属于天赋层面。其他三个方面的问题会在学习音乐的过程中渐渐得到改善，要求学生积极参加音乐实践活动，增强声音美感，提高表现力，但在低学段初期的学习效果不明显。

4.您认为好的教学设计包括哪些？

A.课前备课的设计 B.课堂中生成的设计 C.课后评价设计 D.以上全是

这个问题的答案显而易见，97%的教师选择的是三者全部，可见教师们明确教学设计在课前、课中、课后都有发生，对理论化和实践性的教学设计具有深入了解，但是真正落实到行动中时，这三者又很难做到；3%的教师选择了其中某一点，对理论化和实践性的教学设计理解不够深刻，需要不断积累教学经验，丰富课堂教学。

（三）教师对说课讲课的理解实践情况

1.您对说课、讲课概念的清晰程度是什么？

A.非常清晰 B.一般了解 C.模糊不清 D.不了解

这是一个有趣的问题，从给出的统计数据中可以看出，75%的教师对说课讲课的概念表示模糊不清，由于在长期教学中，以讲课模式为主，忽略了说课的内涵及实践教学；10%的教师表示非常清晰，对两者的概念可以区分清楚；仍有15%的教师表示对两者概念不太了解，认为说课不太重要，会讲课即可。这三种态度很鲜明地反映出这个问题的价值所在，亟待需要广大教师认真了解并学习说课与讲课的不同，进行教学实践。

2. 说课和讲课都有哪些要求？

A. 教学态度端正　B. 语言清晰　C. 技能展示

D. 有完整的教学过程　E. 以上全是

这个问题，有98%的教师选择了"以上全是"这一答案，说明虽然部分教师不了解或不熟悉说课讲课的概念和区别究竟在哪里，但是知道两者的要求具有相似性；2%的教师选择了其中某一点，说明对说课讲课的概念处于模糊状态，略显片面，应加强对两者的了解，以便更好地进行实践教学。

三、关于学生对唱歌课学习方面的调查与分析

（一）学生对唱歌课的学习情况

1. 你对音乐课的期待是什么样的？

A. 非常期待　B. 一般　C. 不期待

该问题是一个直扣学生心扉的问题，很容易让学生回答出内心最真实的想法。对音乐课的学习，98%的同学是充满热忱和期待的，据调查了解，该部分同学平时大都喜欢唱歌，还有的同学在课余时间学习乐器，对音乐稍微有一些了解，还有部分同学并未学习任何乐器，单纯的喜欢唱歌，喜欢音乐课。只有极少的同学表示不期待，这与每位同学的兴趣爱好、心理特点以及生活学习环境有较大的关系。

2. 你对音乐课哪些方面比较感兴趣？（可多选）

A. 表演唱　B. 聆听　C. 教师弹唱　D. 认识歌谱

E. 旋律学唱　F. 创编音乐小故事

该问题的设置主要是看音乐课中的吸睛点，对低学段的学生来讲，活泼、

好动是他们的特性，因此，数据统计显示，50%的学生喜欢的方式是表演唱，这反映出音乐所带来的是动的一面，并且可以使学生大胆地表现自己。还有部分学生选择了其中的两三个方面，音乐课上感兴趣的点比较多。少部分学生选择的是认识歌谱。在调查中发现，学生普遍认为识谱是一件枯燥的事情。

（二）唱歌课对小学生的影响程度

1. 音乐唱歌课上，你收获到了什么？（可多选）

A. 会唱新的歌曲 B. 与同学合作表演 C. 老师的表扬

D. 增强自信心 E. 身心愉悦

该问题的答案是多选，从调查数据中显示，35%的学生选择了会唱新的歌曲，20%的学生选择与同学合作表演，14%的学生选择老师的表扬，13%的学生选择增强自信心，18%的学生选择身心愉悦。可见，音乐课带给学生的影响是积极的。之所以出现不同的选择，与学生本身对音乐课的兴趣及生活环境有一定的关系，总体而言，音乐带给学生的影响是大的。

2. 你认为歌曲难学的原因是哪个？

A. 节奏难 B. 调太高 C. 歌词不容易记 D. 旋律不容易唱

据统计数据结果显示，关于歌曲难学的原因有四个方面，认为旋律不容易唱的学生人数比例占46%，节奏困难占34%，调太高占12%，歌词不容易记占8%。从四个数据中可显示出，某些歌曲的旋律对低年级学生而言不易学唱，调和歌词的难度对学生来讲并不是太大。

3. 至今，你所学教材上的歌曲，记住的有多少首？

A. 很多 B. 寥寥无几 C. 没记住 D. 一半左右

设置此问题的原因在于，通过学生所记歌曲的首数，反映出学生是否喜欢歌曲，以及对当前所用教材中歌曲的接受程度。音乐课对学生的影响较大，此问题中教材版本中的歌曲对学生也是有所影响的。数据显示，选择记住很多的学生占50%；记住一半左右的学生占45%，记住寥寥无几的学生占5%，基本没有学生选择记不住。因此，结果并不是特别乐观。

在调查中发现，学生在回答填空题"不喜欢的一首歌曲"这一问题时，很多同学的反馈和回答是"没有不喜欢的歌曲"，这是音乐的魅力所在。通过我们对五个地市十所学校的深入调查，农村小学普遍存在的状况是音乐教师太少，甚至一所学校只有一名音乐教师。还有的是一所小学只有一名专职教师，其他都是非专职教师。如今的音乐教育表面看似已经越来越好，实则不然。

综上所述，教师在对新课标的认识和教学设计方面所存在的问题有以下几个方面：对新课标解读不够深刻，无法很好地将新课标的理念运用到实际教学中；教学设计不够新颖，教学模式单一化，难以调动学生的积极性；对说课、讲课的概念模糊不清，说与讲会出现矛盾的状况。学生在唱歌课学习方面所存在的问题是：对音乐课期待程度高，但记住的歌曲数量较少；只是单纯喜欢唱歌，对歌曲内部诸要素的把握不熟练，审美体验不够深入。通过调查分析所产生的系列问题，力求提出较为切实可行的策略。

第四节　提升小学唱歌课教学设计的有效对策

结合小学低学段唱歌课教学设计的内容与现状，以及对几所小学教师和学生的调查，发现了在实际教学中所存在的系列问题。针对教学现状，本章提出了较为切实可行的对策。坚持《义务教育音乐课程标准（2011 年版）》为理论指导，结合新课标从明确教学目标、把握重点难点、掌握学段学情、善用教学方法、实施教学评价这五个方面进行阐述。信息技术的发展给音乐教学带来丰富的资源，要依托教学媒体，创新设计教学。

《音乐课程标准（2011 年版）》是音乐教学的重要理论依据，坚持以《音乐课程标准（2011 年版）》为指导，是进行有效教学设计的重要标准，对音乐教学具有重要意义。

一、明确教学目标

教学目标有三个维度，明确教学目标是课堂进行的重要保证，是否实现教学目标，是实施有效教学的重要依据。以下从时刻围绕"三个维度"和目标制定要精准两个方面进行阐述。

（一）时刻围绕"三个维度"

教学目标的三个维度在前文中提到过，情感·态度·价值观，过程与方法，知识与技能。新课标将"情感·态度·价值观"放到了首要位置，摆脱了原有的重技轻艺，将艺术与审美上升到更高的层次。在音乐教学中，要求教师必须具备撰写教学目标的能力，所撰写的教学目标中要渗透教学理念；制定教学目标要时刻围绕"三个维度"，目标定位要准确，制定要具体，切实从学生角度出发，有效制定教学目标；在授课过程中，尽可能地实现教学目标，让目标的制定更有价值；课堂结束后，要对是否达到教学目标进行反思和评价，课后与学生进行谈话，及时了解学生的课堂状况，倘若三维度其中的一个目标维度未达到，说明该节课尚有不足之处，教师应及时调整教学目标组织教学。教学目标牵引着整个课堂的运行轨迹，教学内容、教学节奏、课堂生成等所有环节都需要围绕教学目标来展开。因此，教学目标是贯穿整个课堂的线索，需要教师认真把握。

（二）目标制定要准确

在教学目标的制定过程中，要切实把握音乐课堂所需，而非按部就班地套用固有模板，将他人撰写的教学目标纳为己用。在调查研究中发现，在较多案例中，关于教学目标的制定，众口不一，要么是人云亦云，要么是独树一帜，至于如何撰写是准确的，没有确切答案。

第一个维度是情感·态度·价值观，百分之八十的音乐教师所制定的都是通过学习歌曲，培养学生什么样的感情或情感；通过学习歌曲，表达什么样的感情；指导学生学唱歌曲，培养学生的情感等，那这种模式究竟是不是课程标准中教学目标撰写的初衷？未必。"通过"一词的隐藏含义带有被动之意，很明显，"指导"一词是以教师为中心，而非以学生为主体，不符合当下的教学要求。因此，这几个词的出现成为目标制定时的误区。在音乐教育愈发开放的时代，学生学习的主观能动性成为教师愈加重视的培养方向，摆脱了原有的教师教一句、学生唱一句的模式，对于如何制定情感·态度·价值观目标，在此向大家阐明。

以人音版教材二年级上册第六课中的学唱歌曲《小红帽》为例，情感·态度·价值观目标的制定可以这样写：聆听歌曲《小红帽》，激发学生学习的兴趣，引导学生在音乐中体会小红帽天真活泼的个性，提高自我保护意识，懂得尊敬长辈。分析中可以发现，巧妙地运用"激发"和"引导"，相比于指导，二词皆含有"以学生为主体"之意，教师加以引导，激发学生在课堂中的主观能动性；"体会"一词的运用恰到好处，带有主动而非被动的含义，引申出学生在音乐中的某些情感已被培养和渗透。这样撰写目标的方式印证了"发挥学生主观能动性"和"以学生为主体"是制定三维目标的标准之一。

第二个维度是过程与方法，运用何种方法进行授课与教学至今仍是广大音乐教师讨论并认真探索的课题。新课标在制定过程中，对于每一句话、每一个词、每一个字的使用都是加以斟酌和深思熟虑的。"过程"与"方法"是两个词，是两个不同的概念并列在一起，因此，在撰写目标时要围绕这两个词来设计。

以人音版教材二年级第六课《小红帽》为例，该目标可以这样撰写：设计游戏，听动结合，在创编表演过程中，引导学生用乐器为歌曲配伴奏。在此，既包含过程又涵盖方法，达到了该维度目标的撰写要求。

第三个维度是知识与技能目标，就是常说的双基教学，既有基础知识又有基本技能，这里提到的是"基础"和"基本"，这两个词的运用颇为严谨，意思是被广大同学所理解非较高难度的知识与技能，这样的培养模式不同于专业人才的培养，而是大众教育的培养模式，因此，达到此目标也不是一件特别容易的事。在撰写知识与技能目标时可先梳理所教授歌曲中所涵盖的知识与技能分别有哪些，把重点的知识与技能作为本节课所要制定的第三维度目标。

　　以人音版教材二年级上册第六课《小红帽》为例，知识与技能目标可以这样撰写：能够掌握歌曲节奏，用急吸缓呼的方法按句换气，用轻巧的声音演唱歌曲。这样的设计中既包含基础知识，又涵盖基本技能，且符合学生的接受和认知特点，达到了新课标的要求。

　　综上所述，教学目标的制定要明确，并且切实符合学生的认知，只有这样，才能更好地做到因材施教。每一个学生的音乐需求不同，所制定的教学目标要尽可能保证大部分学生达到目标的要求，极少部分同学在课堂中也会慢慢渗透音乐的情感、知识与技能，从而实现音乐带给他们美的感受。从所引用的歌曲《小红帽》中也可看出，每一个维度的目标设计做到以学生为主体、发挥学生的主观能动性，并且要符合学生的接受和认知特点，从学生入手，结合所学歌曲，了解学生所需，严格按照新课程标准中所提到的每一处要求，给予学生强有力的音乐感知，深化他们对音乐地理解。

二、把握重点难点

在进行教案撰写时，重点和难点是必不可少的环节之一，准确把握歌曲的重点和难点是衡量可否有效达到教学目标的标尺。一般来讲，重点和难点是两个不同的概念，但在某种程度上，重点和难点也可作为同一概念。

一堂课中着重强调的某一音乐知识或技能；教学难点的含义是在课堂教学中，学生较难理解的某一音乐知识或技能。重点和难点是对于歌曲中的音乐情感、知识和技能而言的，每一首歌曲中，都有歌曲本身所涵盖的重难点知识和技能。在歌曲谱面中可以看出，一个新节奏型的运用、一个音乐符号的表示、声音的处理等都可以作为重点和难点。在教案撰写时，教学重点难点要准确、明了，必须是明确的知识点或技能，而不是含糊其辞，令学生毫无头绪。解决和处理重点难点时，需着重强调某一知识点或技能，运用恰当有效的方法进行讲授，这也是学生学习接受音乐专业知识的重要途径。

以人音版教材二年级下册歌曲《我爱雪莲花》为例，该歌曲的教学重点可以概括为：能够用欢快、热情的情绪，活泼、有弹性的声音正确演唱歌曲；教学难点是引导学生准确把握大切分节奏的使用（5 5 6）及大六度音程的演唱。以下是对教学重点如此设置的具体原因：对低学段学生来讲，声音的处理一直作为教学重点，不同的歌曲，如轻快的、活泼的亦或抒情的、柔和的，都需要用不同的声音去演唱，教师如何要求学生，学生就会用什么样的声音去演唱，通过富有情绪的声音把握歌曲的内涵和情感，对步入中高学段后的音乐学习也会产生深远影响。具体分析如此设置难点的原因，首先，从学情分析，二年级学生属于低学段，每一种节奏型对其而言都较为陌生，尤其切分、附点等节奏型，这个阶段学生的节奏尚不稳定，若不作为难点处理，不加以引导学习，学生容易唱错；其次，从歌曲谱面进行研究，相同旋律，三段歌词，如果节奏把握不好，每一段演唱都会出现问题，那么以后在其他歌曲中遇到同样的节奏型，会依然按照错误的方式演唱，这是一种坏的结果。一堂课的难点不能很好解决，会对学生以后的音乐学习造成不好的影响。因此，一定要合理设置教学难点，并且及时有效地将其解决。

三、掌握学段学情

小学低学段，即 1~2 年级，抛开音乐层面讲，一年级上学期和二年级下学期的学生心理会发生改变。音乐教师要认识到：一年级上学期是学生从幼儿园刚刚步入小学的时期，对小学的一切既新鲜又陌生，对校园里的一切充满好奇。年龄虽小，但对新知识的接收和接受能力较强，背诵、学唱等方面记忆力较好。二年级下学期是学生即将步入小学中高学段，即就读三年级的时期，此阶段的学生在心理方面渐渐发生变化，褪去了初入小学时的稚嫩，对校园里的一切有了一定程度上的认知，对待学习，也具有对喜欢亦或不喜欢科目的选择能力。比如，不喜欢画画，因而就排斥美术课；不喜欢参加锻炼，因而排斥体育课。拿音乐科目来讲，不喜欢唱歌，很可能就不喜欢音乐课。教师还要了解到：学生本身不喜欢某门科目，但由于该科教师加以引导，学生会渐渐消除甚至改变对该科目的偏见，这是会出现在二年级下学期学生身上的情况。每一个年龄段都有属于该年龄段的特点，因此，教师要准确把握学生情况，这对有效教学、达到相应的教学目标有重要意义。

教师要注意学生在音乐学习中逐渐发生的变化，善于利用学生对音乐课极强的好奇心、强烈的表现欲，以及愿意在课堂中展示自己、积极回答问题等特点，适当改变教学模式，丰富教学内容。小学课堂的气氛较为活跃，会导致纪律性太差，教师要及时维持课堂秩序，确保小学生们能够迅速安静下来。教师要通过学生的不同表现，让音乐课堂生动有趣、充满活力，创造良好的音乐氛围，带动学生学习。

以人音版教材一年级上册学唱歌曲《你的名字叫什么？》为例，这是一首让大家相互认识的歌曲。在设计中，可以要求同学走到新同学身边去，以握手的方式表示问好，会发现，所有同学都会按照老师的要求去做，而且热情度极高，在音乐中迅速地认识了大部分新同学。这是音乐课堂特有的方式，律动教学、互动教学在音乐认知和人际交往等方面对学生起着很大作用。二年级下学期的学生，与初入一年级时不同。在音乐学习中，表现力较比一年级上学期有所下降，在意同学的眼光羞于表现自己，随着年龄增长，越来越不善于表现自己，对于教师提出的问题，积极性也不是那么高涨，这是处于该时期学生的心理状况。以人音版教材二年级下册第七课学唱歌曲《箫》为例，根据调查，该首作品常常不为学生所喜欢，传唱度较低，旋律和节奏律动性不强，歌词内容也较为陌生，在选曲方面，较比一年级上学期有了变化，学生在演唱时所表现出来的行为与之前有很大不同。

根据低学段学生学情，对音乐教师提出如下几点要求：第一，准确把握学生学情。制订严密的教学计划和教学方案，不可一味地按照教案进行授课，更多关注课堂生成；第二，间接肯定学生答案。该学段学生的想象力极为丰富，丰富到所给出的答案并非教师所想，对待学生所给出的看似"天马行空"的答案，应加以正确引导，而非予以否定；第三，以鼓励为主。对于该学段学生，教师应采取多表扬、多鼓励的态度。该学段正是建立自尊心和自信心的阶段，若一味打击学生，会对将来小学、初中的学习造成一定危害；第四，严格维持课堂秩序。该学段的纪律可谓是学生上学期间较差的阶段，一、二年级不严格要求学生和把控课堂纪律，会使学生养成散、乱的习惯。对纪律的严格要求会令学生无论在学习还是生活中，都能够做到严于律己。综上所述，面对该学段的学生，要用音乐去亲近他们，音乐是媒介，既可拉近学生和老师的距离，又可拉近学生与知识间的距离，如此才能保证学生在课堂中获得更多的音乐知识与技能，更重要的是获得音乐所带来的情感和美感。

四、善用教学方法

对音乐教学而言，教学方法使用得当与否，与实现本节课的教学目标有着重要关系。适当的教学方法对于解决课堂中的重难点以及引导学生接受知识与技能起着重要作用。讲授法、观察法、范唱法、体验法、情境创设法等，这些方法可单独使用，也可结合使用。根据学情和教学内容，选择有效方法。教学方法的运用更多源于课堂生成，因此，教师应搜集和学习多种教学方法，而非一成不变地套用同一种教学模式。教唱歌曲的过程中，所常用的方法不再采用教师教一句，学生唱一句的固有模式，改变教师主动、教师和教材为主体、学生被动的旧有方式，做到以学生为主体。教师教一句、学生唱一句的教学方式，在很多作品中都可运用，但是，面对将来所学到的更多作品，反复运用同一种教学方法，不仅使学生产生听觉疲劳，教师也会产生疲劳感，同一种方法的反复使用会出现适得其反的教学效果。因此，适当改变教学模式，于教师、于学生都是另外一种音乐体验，从而也会引发教师的深度思考，转换教学思路，改变教学方法。采用合适的、恰当的方法进行授课，才能具有针对性。教师的教、学生的学应同步，否则，将无法达到教学目标和学段目标。

以人音版教材一年级下册第七课学唱歌曲《理发师》为例，该歌曲是一首颇富形象化的作品。于学生而言，他们可以是理发师，也可以是被理发者的身份，倘若使学生深刻体会歌词的意境，身临其境地体验歌曲的感觉，必须转换身份进入角色进行演绎。在教学过程中，可采用情境创设法，学生两两一组，一名同学担任理发师，另一名同学担任被理发者，然后彼此交换身份，在聆听音乐中体验这美好的时刻，理发师要做出理发"咔嚓""咔嚓"的动作，形象地表现出歌曲的内容和意境。这样，学生在体验中愉悦地学习了歌曲。相反，如果不采用情境创设的方式，只单纯聆听、歌唱，就无法让学生更好地体验音乐所带来的美好，在体验中学习，是一种很好的音乐学习方式。

关于教学方法如何准确定位与运用，在此提出如下几点要求：①教学方法的选择要符合学情。对于低学段学生而言，律动教学是常被采用的方式，多运用体验法、听唱法，多听多唱在此学段非常重要；②教学方法的选择要依据教学内容。课程设置方面，选曲在每一单元都有很大不同，不同歌曲要选择不同的方法教唱，单一的教学方法会令学生的学习枯燥乏味。根据所学曲目，选择适当的教学方法，可以有效提高教学效率和教学质量；③教学方法的选择要服务于教学目标。教学方法在教学过程中的运用是无形的，无论采用何种教学方法，必须为教学目标的实现服务，这也是衡量一堂课的设计是否合理的标准之一；④教学方法的选择要关注教学环境。采用律动方式，若班内活动空间过小，全班 50 名学生一起舞动并不现实，要求教师在律动编排时慎重考虑学生的活动空间以及人身安全。在选择教学方法之前，应慎重考虑所在教学环境能否实施，若教学环境不允许，即使遵循了上述三点要求，也行不通。综上所述，教学方法的选择不是自由的，也不是一成不变的，而是在一定条件下灵活、有效地选择。关于教学方法选择所遵循的要求还有很多，课前、课中、课后需如何运用教学方法进行定位和考量，选择只是第一步，有效实施才最根本。吸取每一堂课的经验，将好的教学思路和方法带入下一个课堂，让课堂衍生出新的教学方法，循环往复，共同推动音乐教学的发展。

五、实施教学评价

音乐课程评价应充分体现全面推进素质教育的精神，贯彻本标准所阐述的课程理念，着眼于评价的诊断、激励与改善功能。通过科学的课程评价，有利于学生了解自己的学习情况，增强学习的信心和动力，提高教学质量。教学评价即教学反思，是新课标提出的重要环节，实施教学评价可以有效地促进教师、学生共同发展。课后反思可以帮助教师明确每一堂课的优点和不足，认识到不足之处，改变不良的教学模式进行授课。教学评价既针对教师，又针对学生，可生生互评，也可师生互评，此外，自我评价是一种很重要的方式。

《义务教育音乐课程标准（2011年版）》中指出：评价内容中对学生的评价是课程评价的主要方面，评价的方式多种多样，自评、师评以及互评等。立足新课标，在教学评价方面，提出如下几点具体可操作的评价建议：①小组评价。课堂结束后，可根据学生的表现在小组内部进行评价，找出优势与不足；②评价需客观。教学评价是针对在音乐方面的评价，而非针对某一个人的评价，要从音乐的角度客观点评，禁止带有主观色彩；③以鼓励为主。保持学生音乐学习的积极性，勿使学生因评价丧失对音乐的兴趣。无论何种方式，都让学生认识到自己在音乐学习过程中的不足，取得进步。从低学段开始就要培养学生自我评价、自我反思的能力，这样才能在将来学段的音乐学习中取得更大进步。要求教师将新课标的评价理念与实践教学相结合，使学生可以准确定位自身的学习情况，及时解决课堂所出现的问题，提高音乐学习质量，使之朝着更好的方向发展。同时，于教师而言，通过评价时刻监督自己、检查自己、反省自己，吸取在教学中出现的失误或者发生教学事故中的经验教训，避免在以后的课堂教学中出现类似情况，对教学带来帮助。通过自评、互评以及他评的方式，使学生能够了解教师在课堂教学中所采用的教学方法，使教师可以了解学生的音乐学习现状，便于及时调整教学思路，促进师生共同进步。此外，评价使师生及时、有效增强自我认知，加强音乐修养，改变所存不足，在评价中成长，在反思中进步。

第七章　核心素养视角下的音乐教育
审美与育人

第一节　从核心素养看音乐教学的育人内涵

　　基础教育课程改革是进入 21 世纪以来我国教育领域最重要的改革措施之一。2012 年，"十八大"报告指出："把立德树人作为教育的根本任务，培养德智体美全面发展的社会主义建设者和接班人"，2001 年教育部颁发《全日制义务教育音乐课程标准（实验稿）》中提出"以审美为核心"，这标志着在音乐教育中人的感性地位得到了重视，是中国音乐教育改革的一个新台阶。

　　十年后，国家教育部又颁发了《新课标》，在《新课标》中，"审美为核心"依然是义务教育音乐课程的中心。在这样的背景下，我们开始思考，在社会语境的不断变化的多元时代，"审美"的音乐教育有何变化？"审美"在音乐教育中是否一直都是最重要的功能？音乐教育在培养学生的"审美"能力的同时，还能做出哪些贡献？2012 年，"十八大"报告指出："把立德树人作为教育的根本任务，培养德智体美全面发展的社会主义建设者和接班人"，明确强调了教育的本质功能和真正内涵，也为我国的教育改革发展指明了目标和方向。显然，要达到教育的根本任务，培养人，要从德、智、体、美各个方面综合进行，而德、智、体、美也都是作为"树人"的一部分。党的十八届三中全会要求"坚持立德树人，加强社会主义核心内涵体系教育，完善中华优秀传统文化教育，形成爱学习、爱劳动、爱祖国活动的有效形式和长期机制，增强学生社会责任感、创新精神"。

为了贯彻"立德树人"的教育根本任务，国家教育部于 2014 年发布《关于全面深化课程改革落实立德树人根本任务的意见》，提出了落实立德树人工程的十大关键领域，要求统筹各学科，特别是德育、语文、历史、体育、艺术等学科，音乐教育的"审美"是为了达到教育性，培养符合国家教育战略的人。音乐教育中的"审美"与"育人"又有怎样的关系呢？有关中国学生"核心素养"的相关研究为我们提供了看音乐教育的新视域。

一、从《21 世纪学生发展核心素养研究》看音乐教育

2014 年，教育部《关于全面深化课程改革落实立德树人根本任务的意见》中提出，将"核心素养"体系作为落实立德树人工程十大关键领域中的首要环节，为了更好地了解"立德树人"有必要从此入手了解"核心素养"。

国家教育部关于中国学生发展"核心素养"的相关课题研究结合时代特点，立足我国国情，根据学生的身心发展、成长规律和社会对人才提出的需求，遴选和界定 21 世纪中国学生应具备的、能够适应终身发展和社会需要的必备品格和关键能力。为了把学生德智体美全面发展总体要求和社会主义核心内涵有关内容具体化、细化，2013 年 5 月，北京师范大学林崇德教授承担教育部哲学社会科学研究重大委托专项，领衔北京师范大学、华南师范大学、河南大学、山东师范大学、辽宁师范大学 5 所高校 96 名研究人员组成联合攻关项目组，共同负责研究学生发展"核心素养"体系。

（一）"核心素养"与育人

《21 世纪学生发展核心素养研究》一书则是该项目的基础性研究成果之一，主要从基础理论研究、国际比较研究、传统文化研究、实证调查研究、现行课标研究、教育实践探索等角度系统化地展开对"核心素养"的研究与分析。这本书为我们思考新时代背景下的教育方针对音乐教育提出的要求和

挑战提供了新视域。林崇德教授针对"核心素养"的意义与内涵在《21世纪学生发展核心素养研究》（以下简称《核心素养研究》）一书的前言中对此从国际趋势、党的教育方针、素质教育改革三个方面进行思考与解读：

（1）从国际来看，全球化、信息化促进了人才的全球流动和产业结构的变化，这种时代背景之下，一个社会要健康发展、国家要在国际竞争中提高综合国力，就要求从核心知识、能力、情感态度各方面全方位发展的新型人才，可见有关"核心素养"的研究与各个国家的社会发展紧密相连。

（2）从国家教育方针来看，要促进德智体美全面发展的社会主义建设者和接班人的方针政策的落实与实现，必须立足国情，将较为宏观的要求具体、系统地细化，结合学生的身心发展特点贯穿每个学习阶段、每个学科，"核心素养"体系就是党的教育目标的具体实现，是连接宏观教育理念、培养目标及课程与教学目标的关键环节。

（3）从素质教育发展改革来看，"核心素养"是素质教育的进一步解读与深化。素质教育的提出是相对应试教育的，"素质"对应的主体是"教育"，这体现的是教育教学中的学科本位观念。"素养"则强调在人的先天基础之上通过后天环境影响和训练，所获得的身心特征和基本品质结构，在教育过程中逐渐形成的知识、能力、态度等的综合体现。林崇德教授指出，虽然在素质教育改革过程中成效显著，但学生各方面素养发展并不全面，而这些现状与问题需要确立起"学生核心素养"为基本框架的教育质量评价体系和课程体系，以促进素质教育的深化与落实。

从以上三个方面来看，研究"核心素养"能指导各基础教育挖掘内涵，从知识能力和情感态度等多个维度完成育人，其教育内涵的必要性显而易见。而"核心素养"究竟是什么，有什么样的内涵，其中最重要的核心又聚焦在哪些方面？对此，我们对"核心素养"的内涵与演变进行了梳理，现概要如下。

（二）"核心素养"的内涵与演变

有关"核心素养"的内涵，可以从概念提出、历史演变来加以考察：从文献来看，"核心素养"概念的提出主要始于20世纪90年代，"经济合作与发展组织"（Organization for Economic Co-operation and Development）曾在 1997～2005 开展的 Definition and Selection of Competencies 也就是"素养的界定与遴选"研究项目将该词用于描述所有社会成员都应具备的共同素养中那些最关键、必要且居于核心地位的素养。也就是说，"核心素养"关注的是一定社会背景下，对于社会公民应该具备的关键素养。这个概念虽然提出的时间并不长，但关于人的基本"素养"则是从古至今一直被人们所关注的。由此，不同时代的思想家和教育家都曾围绕这一问题进行讨论。我们将从传统、现代、当代三个方面对有关人的"素养"至"核心素养"的演变做简要的分析。

从传统来看，自两千多年前起，中西方的思想家和教育家们已经有了人才的评判标准。西方思想家、教育家苏格拉底提出"德行可教"的主张，否定当时"道德天赋"的观念，将道德普遍化，劝勉人们努力成为有德行的人，自此，以柏拉图等人为代表的西方思想家、教育家都主张德性的重要性。在我国，以孔子为代表的思想家们也对健全人格、道德修养进行思考，并且可归纳为"内圣外王"的传统文化人才观。强调个体对仁爱的重视、内在修养与外部表现完美结合等主观精神状态及其外在表现，最终才能够"修身""齐家""治国""平天下"。由此可见，以农业经济形态为主导的古代社会，对于人才培养更重视的是道德品行。

从时代背景的演变来看，工业革命的到来将农业经济形态转变到工业社会，那个时期的人们普遍强调对专门行业技能和职业需求导向的关键能力，"能力"也就成为这个社会时代背景下教育学家、人力资源学者们的关注热点。

20 世纪 90 年代，网络信息科技的全球化发展标志着"现代社会"和"后现代社会的到来"，信息化的多元时代背景使社会快速变迁，在这样的社会背景下，传统、单一的"能力"已经不再适用，人们在强调"知识""能力"的同时也强调"态度"以及"核心素养"是培养自我实现与社会和谐发展的高素质国民与世界公民的基础。

在不同的社会背景下，思想家和教育家们对于"核心素养"的定义都有一定的侧重点，"核心素养"的概念演变也与人类社会的进步有紧密关联。

在以农业经济形态为主导的古代社会背景下，人才培养重视道德品行；在以工业经济形态为主导的现代社会背景下，人才培养重视能力本位；在以信息经济、低碳经济等经济形态为主导的当代社会背景下，人才的培养重视"核心素养"。

由此可见，从古至今，对于"核心素养"的概念界定开始由单一走向多维度，不仅要重视知识、能力，更强调态度的重要性。"核心素养"要求当今教育既重视知识技能，又要重视对受教育者正确态度、情感、内涵观的培养。

"核心素养"概念是对"教育应该培养什么样的人"的具体回答，这个范畴绝不仅局限于知识、能力，更涵盖了树立正确态度、情感、内涵观等方面，也体现了"全人教育"的理念，这也符合我国《国家中长期教育改革和发展规划纲要（2010～2020年）》中提出的"促进人的全面发展、适应社会需要，培养德智体美全面发展的社会主义建设者和接班人"的任务。

结合当下，关于学生"核心素养"研究要求教育反映时代发展需求的时代性，把握人的全面发展的科学性，对中华优秀传统文化继承和创新的民族性的三个原则。

"核心素养"并不只是相应学科的知识技能，"核心素养"还包括正确的情感态度内涵观以及具体行为，值得注意的是，不管是从历史经验来看还是当今我国社会对社会公民的要求来看，"道德品质"（以下简称"品德"）不仅是"核心素养"考虑的第一要素，还是人才选拔考虑的第一尺度。在我国传统教育中，也不乏伦理道德的内容，我国传统文化与教育中道德修养对学生"核心素养"指标体系的遴选必然也有一定的启示。"品德"也是衡量一个人情感、人生态度、内涵观和行为的重要方面。

（三）"核心素养"中的"品德"范围

关于我国传统文化，林崇德先生带领的"核心素养课题研究组"认为，应该以儒家文化为核心，主要从我国传统文化中的"修身成德"的思想中进行发掘，借以关注什么是人，何为人的内涵，人如何实现自我。经归纳，"核心素养课题研究组"将传统文化中的"修身成德"的主要思想与内涵概括为

"仁民爱物""孝亲爱国""重义轻利""诚信自律""礼敬谦和"五个方面，这五个方面也分别对学生"核心素养"指标体系的建构有着重要启示，根据"核心素养课题组"的研究，我们有了自己的理解：这五个方面可以归纳为"仁""孝""义""信""礼"。在传统文化中，"仁"是为人根本，是"博爱""包容"与"奉献"，这被认为是最高的美德，一切美德的根源，现今我国社会主义核心内涵观中也有"爱国、敬业、诚信、友善"的道德规范，而"仁爱"思想则是作为核心内涵观实现的前提和基础；"孝"在古代是"仁"后最重要的一个道德范畴，是"仁民爱物"的起始部分，其所指是对父母、长辈的敬重奉养以及对家庭以及社会的和谐维系，"孝"的思想情感从"小家"起，逐渐扩展到关爱他人、自然、民族、社会的"大家"，可见这也是培养热爱家乡祖国的必要途径；"义"与"礼"在日常中让人联想到《管子·牧民》中的"礼义廉耻"，"义"作为行动准则，对人的行为进行约束，强调"有所为有所不为""明辨是非"等精神，"礼"则在传统的"礼乐文化"中作为制度、行为规范的准则，现今的"礼"则去除了僵化、强制性，强调"举止文明，礼让他人"，可见这两者皆是实现社会主义核心内涵观的重要材料；关于"诚"与"信"，在《礼记·大学》中就有"格物、致知、诚意、正心、修身、齐家、治国、平天下"的准则，"诚意"也是"齐家、治国、平天下"之根本，现今社会主义核心内涵观中也将"诚信"作为社会伦理道德的重要建设资源，由以上可见，我国传统文化中有关"修身成德"的五个方面在现今社会依然能作为道德标准的重要启示。

传统文化教育中包含的丰富思想为"核心素养"中有关"品德"的指标定义提供了启示意义，而历经时代变迁，社会背景、社会需求的不断改变也使得关于"品德"的定义也需要从现实需求中考虑。经过中国学生发展"核心素养"研究课题组结合国际经验、我国教育方针政策、心理学教育学相关理论，对多个专家进行访谈后，最终得出"核心素养"编码方案体系，"道德品质"也就是"品德"作为一级指标归纳到了"与人交往"领域，有关学生"道德品质"的内涵界定也有了清晰明确的定义，换个方式说，社交是产生、体现"品德"的一个关键领域。

可以看出，这些情感态度都是衡量一个人"品德"的标准，这样的标准为教育工作者对受教育者在情感态度方面的教育提供准绳。既然能通过人与人交往培养正确的情感、态度和相关行为，那么这些正确的交往方式就应该在具体教育内容中得到体现并且在具体教育实践中得到运用。

二、"品德"与音乐教育

经过"核心素养课题研究组"对我国 2011 年正式发布义务教育各学科课程标准进行分析，不同学科对不同素养的重视明显不同，但都在一定程度上体现了学科本位的特点。义务教育音乐课程标准中"品德"核心素养并没有被提及，而出现频率较高的素养则是"艺术与审美能力"，提及频率高达 65.8%，而涉及到"品德"核心素养的主要是义务教育中有关德育的课程，且这些传统被认为应该重视德育的课程也只有一门课标。其余学科鲜有涉及甚至没有涉及，也就是说，现行音乐课标的"品德"并没有被单独提及，从而影响音乐教育育人内涵的具体实现。

"核心素养"课题组认为，现行课标中各学科对态度品德等相对提及较少，大都注重本学科相关素养的培养模式而对综合素养的培养有所忽视，缺乏素养整体观，而要培养全面素质人才，就要接纳跨学科素养，比如德育在各个学科中的渗透。在培养全面素质人才的背景下，音乐教育不应该只是对学生的学科知识、技能的培养，更应该重视对学生正确情感、态度和行为的培养，而有关"品德"的各个方面也应当融入具体的音乐教育实践中去。

从对《义务教育音乐课程标准（2011 版）》中相关"核心素养"提及频率来看，有关"审美"的"核心素养"提及最多，而关于"品德"的"核心素养"则是凤毛麟角。我们不禁思考，"品德"与音乐教育有怎样的关系呢？音乐教育在提高人"艺术与审美能力"之外是否具有教育"品德"的内涵？针对这些问题，我们认为以下两个维度应该得到关注：

（一）从时代背景角度

现今的音乐教育被划入美育范畴，虽然"美育"这一说法至 20 世纪才开始引入我国，但我国古代或西方都曾经强调音乐教育对人道德品质的培养作用。结合当下，关于学生"核心素养"研究要求教育反映时代发展需求的时代性，把握人的全面发展的科学性，对中华优秀传统文化继承和创新的民族性的三个原则。换句话说，现今的"品德"不再局限于我们以往认识的伦理道德，满足了时代性、科学性、民族性三个原则就满足了"核心素养"，也就能达到"立德树人"的目的。在全球化、信息化、各国竞争激烈的当今社会全面发展的学生才能顺应时代要求，将中华民族优秀传统文化继承并加以创新才能将一个民族的精神传承下去。再从《国家中长期教育改革和发展规划纲要（2010～2020）》来看，该文件提出，"要坚持以人为本全面实施素质教育的教育改革发展战略主题，坚持立德树人，把社会主义核心内涵体系融入国民教育的全过程。将德育渗透于教育教学的各个环节、创新德育形式、丰富德育内容，坚持文化知识学习与思想品德修养统一，促进德育、智育、体育、美育有机结合"。在这样的时代背景下，要达到立德树人的教育方针，就要坚持"核心素养"特别是聚焦"品德"培养，要求人的全面综合发展。音乐教育作为教育中的一类，自然应该为此发挥其最大的教育内涵。

（二）从音乐教育内涵的理解

"音乐教育"从构词上由"音乐""教育"二词合成，其含义通常有相互区别的两种理解：一是"音乐的教育"（education of music）；二是"通过音乐的教育"（education through music）。在此，我们仅从教育角度来讨论音乐教育这一种教育活动与"品德"的关系。

作为基础教育的一种，义务教育阶段音乐教育不仅有培养知识技能的功能，还需承担培养人正确的品德、情感态度和行为的义务，其性质更偏向于"通过音乐的教育"，这种教育活动对象毋庸置疑是人，其中心也是人。与专业音乐院校的音乐教育不同，义务教育阶段的音乐教育的中心并不是音乐技术本身，但这不意味着有关音乐的知识、技术是毫无意义的，它们的最终目的是要为教育服务培养全方位发展、有良好"品德"、健全人格的人，在"核心素养"的要求下，音乐教育也必定要顺应"核心素养"培养原则的要求，培养具有时代性、科学性和民族性的人，不断研究，改善"怎么培养"

的问题，而"品德"又是"核心素养"研究的重心部分，是检验教育是否尽可能发挥并达到育人性的重要因素，从这个角度来理解，音乐教育与"品德"联系紧密。

综上所述，我们认为音乐教育内涵除了从音乐音响上的角度进行"艺术与审美"教育以外，在义务教育中，其最终目的是为了培养道德品质优秀的人和全面发展的人。在这样的前提下，音乐教育的育人性也需要从教育角度来考虑，培养人的"品德"就应该受到重视。从"核心素养"对现今受教育者的多方面要求来看，"品德"不再局限于单纯的伦理道德，还包括历史、民族、文化、多元化、与人交往等多方面的内容，而这些都可以植入小学音乐教育的各个环节中，促使音乐教育的内涵最大化。提到音乐教育的内涵，我们就想起中西方历史中通过音乐教育培养人良好"品德"的教育思想，这些思想为我们如何正确看待音乐教育的内涵，提供了很好的借鉴。

第二节　音乐教学中审美与育人内涵的分析

无论是"立德树人"的教育战略、中西方历史中流芳千古的音乐教育思想，还是现今西方音乐教育领域中的实践主义音乐教育观都给予我们在新时代背景下看待音乐教育育人内涵的新视角，但相关的理论知识还需结合我国具体的音乐教育工作中。我们在本章将聚焦义务教育中的音乐教育，从《新课标》《〈新课标〉解读》、"义务教育音乐教科书"及其"教师用书"，以重庆三所小学中的音乐教学为研究案例，层层递进对现行小学音乐教育实践中的"审美"与"品德"育人内涵进行讨论。

一、义务教育音乐课程相关理论指导下的小学音乐教育

2001 年，教育部在国务院的领导下启动基础教育课程改革，2003 年对多

个学科的课程标准进行修订工作，《义务教育音乐课程标准（2011 版）》就是在这样的背景下产生的，它是对以前课程标准的改革与提升，现行的义务教育音乐教科书、具体小学的音乐教学皆在其指导下进行，了解现行小学音乐教育中"审美"与"品德"育人内涵的关系，最好的方式是从《新课标》及《〈新课标〉解读》入手。

二、《新课标》及《〈新课标〉解读》

《新课标》汲取了自《音乐课程标准（实验稿）》发布以来近十年中小学音乐教育领域的教学经验、成果，自 2007 年启动修订，2012 年 1 月正式由北京师范大学出版社出版，对义务教育中的音乐课程性质、课程目标、课程内容、实施建议进行了完善。《〈新课标〉解读》则是针对《新课标》，由国家教育部基础教育课程教材专家工作委员会组织，由王耀华、王安国、吴斌为首的义务教育音乐课程标准修订组编写，2012 年 2 月正式发布。我们将结合《〈新课标〉解读》对《新课标》四个部分中的"审美"与"品德"育人内涵进行分析。

（一）课程性质

《新课标》将音乐课程定位为义务教育阶段以全体学生为对象的必修课，其课程性质从人文性、审美性、实践性三个方面体现。

关于人文性的体现，《〈新课标〉解读》从音乐学科的本质出发，将音乐定义为人文科学，认为音乐既是文化的重要组成部分，又是具有很强记忆性的艺术的一个种类，但最终是要体现人文精神以及对人的关怀，这种"人文性"又体现在民族性、时代性以及传承性。首先，"人文性"中的民族性要求了解在一定自然、社会、历史、民族文化背景中产生的民族音乐，要求教师引导学生透过音乐理解所承载的背后的民族文化特点，由此体会音乐作为文化的精神实质，达到使学生了解祖国的音乐文化，通过音乐文化增强他们的民族意识、国家意识，由此增进他们的民族自豪感和自信心，达到培养爱国主义情感的目的；其次，"人文性"中的时代性方面要求音乐课程的教学活动根据不同时代背景，结合不同生产力发展方式去认识不同的音乐发声体、声源、音源、乐器；根据不同的生活感受不同的音乐表现手段；结合时代背景对音乐作品、成品进行分析，达到让学生理解音乐与时代关系的目的；最后，音乐课程作为人文科学，对各个历史时期的人类音乐文明的成果是可以传承、并存的，在音乐课程教学中音乐教育也应当充分发挥文化传承功能，为创造而传承。

关于审美性的内涵，《〈新课标〉解读》认为音乐审美感受是音乐课教学的基础，要通过培养学生对音响的内在的表现力的反应来进行音乐审美教育。

音乐课程教学要对音乐审美感受进行提升，把音乐美的情怀与意境的体验融入教学中，将情怀和意境与人生态度相连，引导学生进行音乐审美的体验和感悟。这种音乐审美的目的在于陶冶情操、提升素质、开发智力，促进学生的全面发展，是非功利性和超功利性的。在这样的理念指导下，要关注音乐课程审美性的学习，就应该坚持以音乐音响为本，把音乐体验放到音乐音响上，从节奏、节拍、力度、速度、音区、音色、旋律、调式、调性、和声、织体等音乐要素入手，同时也综合其他文化背景知识的介绍，加深学生对音乐地理解。

《〈新课标〉解读》认为，音乐课程的"实践性"是由音乐音响不具有语义的确定性和实物形态的具体性所决定的，音乐课程各领域的教学只有通过聆听、演唱、演奏、综合性艺术表演和音乐创编等多种实践形式才能得以实施。

从课标中的音乐课程性质来看，"审美性"在音乐课程中占据重要部分，"品德"一词虽未被提及，但值得注意的是在"人文性"这一课程性质中提到音乐课程要体现人文精神和人文关怀，从民族特色、时代背景以及传承传统文化、培养爱国精神等方面，这与当下"核心素养"对教育要求具有适应发展的时代性、对传统优秀文化继承和创新的民族性大致相当，这些性质显然可以被视为具有音乐课程从音乐本体以外的多方面发挥育人"品德"的内涵。

（二）课程基本理念

《新课标》的课程理念从五个方面要求音乐课程：以音乐审美为核心，以兴趣爱好为动力；强调音乐实践，鼓励音乐创造；突出音乐特点，关注学科综合；弘扬民族音乐，理解音乐文化多样性；面向全体学生，注重个性发展。我们主要对"审美"和"品德"育人内涵的相关理念做出如下归纳与分析。

针对"以音乐审美为核心，以兴趣爱好为动力"这一理念，《〈新课标〉解读》认为，音乐教育应该从音乐教学内容、音乐教学方法、音乐教学环境三个方面体现"以审美为核心"。教学内容上，要求音乐教师从音乐教材的立意、情境、音韵、曲调、和声、音色等因素挖掘音乐教材，并在分析教材时结合自己的音乐审美体验引导学生；教学方法上，要求音乐教师从感性入手，以情动人，以美变"苦学"为"乐学"，结合音乐艺术的非语义性特点贯彻参与性原则进行音乐教学，尽量把音乐教学过程设计成一个有利于学生主动参与的音乐活动，包括音乐欣赏活动、音乐表现活动、音乐创作活动等，同时将有关的音乐基础文化知识内容融进音乐活动之中，让学生在音乐美的体验中学习；教学环境上，要求避免不良音响产生，音乐教室布置优雅、艺术化，以此达到听觉环境和视觉环境的优美与和谐，结合合理的教具和教学手段诱发美感产生。有关"品德"育人的内容没有直接被作为音乐课程理念提出，但在"激发和培养学生的音乐兴趣"一方面，《〈新课标〉解读》提出，音乐与人生关系密切，音乐与人的生存、成长、发展紧密相连。爱乐，是人的天性；对音乐的需要，是人的共性。资质高的人需要它，是把它当作一种崇高的和令人满足的自我表现的渠道，高尚情操的来源。资质一般的人需要它，是把它当作丰富人生和使人变得更具美德的一种媒介，培养学生的音乐兴趣有有趣阶段、乐趣阶段和志趣阶段，所以对学生音乐兴趣的培养要从对音乐学习的动力逐步上升到持久稳定的情感态度心理品质甚至是生活方式。可见，音乐教育的育人性体现在培养受教育者高尚情操、良好道德品质等方面，而这恰好能够促进教育的根本目的的完成，培养全方位发展、具有良好道德品行的人。可以发现，音乐教育的"育人性"可以体现在培养人良好"品德"的方面。即使在音乐课程理念中没有明确提及"品德"，但音乐教育能促使高尚情操形成，使人更具美德的这一内涵的确得到了承认。但关于"以审美为核心"的体现，此处应该从教学的内容、方法、环境等因素体现。前面《〈新课标〉解读》指出，审美性的内涵要将情怀和情境与人生态度相连，我们认为"审美为核心"指的应该是培养学生情怀，陶冶学生情操，其关注的重心或体现的地方不可缺少对学生的身、心，由此可见，对音乐本体的认识与切入是为了育人，也就是陶冶情操、培养良好的"品德"。但此处似乎关注更多的被体现在了"教"的一方面，而学生"学"以及他们的发展体现这一方面却并没有提及，如何评价学生良好"品德"的形成并没有提出，这容易引起读者误解，使音乐教学实践的重心关注在教学法或者音乐要素本身上。

（三）课程设计思路

《新课标》指出，音乐课程设计要凸显音乐课程的美育功能，以音乐活动方式划分教学领域；设计丰富的音乐实践活动，引导学生主动参与；正确处理音乐知识、技能的学习与审美体验和文化认知的关系；根据学生不同年龄段的心理发展水平和音乐认知特点，分学段设计梯度渐进的课程学段目标及相应的课程内容；课程内容的设计，在明确的规定性和适度的弹性之间寻求平衡，给教师教学和地方音乐课程资源开发留有创造和选择运用的空间。

在音乐课程设计思路中的确存在要求加强文化认知的内容，但"音乐知识技能""审美体验"的提法占据大多，且对学生心理水平的认识也只是为了当下的教学，这似乎缺乏对学生以后在音乐领域发展性的考虑。

在《〈新课标〉解读》中，为了凸显音乐课程的美育功能，将音乐教学内容划分为感受与欣赏、表现、创造、音乐与相关文化四个领域，这四个领域多放眼音乐本身，在音乐与相关文化中涉及些许与音乐相关的人文内容，除此之外的几条课程设计思路皆围绕音乐的基本要素进行，（如力度、速度、音色、节奏、节拍、旋律、调式、和声等）提及"品德"的聚焦是根据学生不同年龄段的心理特点制定情感·态度·内涵观维度的课程标准上，其中1～2年级以培养乐观的态度和友爱的精神为目标，3～6年级在1～2年级基础之上要求增加集体意识，培养合作能力。

由此提及的多个音乐基本要素与"品德"来看，音乐教育中的两个重要部分就凸显出来了。一方面，音乐教育作为大教育门类下的一种，具有其学科性质独特，需要以音乐为载体涉及各种教育内容对受教育者进行教育；另一方面，音乐教育最终也是为教育服务，要达到育人的目的就逃不过对受教育者"品德"方面的教育，要想将音乐教育的内涵发挥至最大，这两个方面缺一不可。

（四）课程目标

《新课标》的课程目标分为三个维度进行整合。"情感·态度·内涵观"维度以丰富情感体验，培养对生活的积极乐观态度；培养音乐兴趣，树立终身学习的愿望；提高音乐审美能力，陶冶高尚情操；培养爱国主义情感，增强集体主义精神；尊重艺术，理解世界文化的多样性等四个方面为目标；"过程与方法"这一课程目标又被细化为体验、模仿、探究、合作、综合；"知识与技能"要求了解音乐基础知识、掌握音乐基本技能、了解音乐历史与相关文化知识。

《〈新课标〉解读》指出，"情感"不仅仅体现为学习兴趣、学习爱好和学习热情，更体现为情感本身的体验与内心世界的丰富；"态度"在表现为学习追求、学习责任的同时，我们认为，以上三个方面除了涉及"审美"以外，"情感·态度·内涵观"中要求陶冶高尚情操、培养爱国精神、集体主义精神涉及到"品德"，"知识与技能"中有关音乐文化历史知识方面也可能会涉及"品德"。

《〈新课标〉解读》指出，"情感"不仅仅体现为学习兴趣、学习爱好和学习热情，更体现为情感本身的体验与内心世界的丰富；"态度"在表现为学习追求、学习责任的同时，更表现在对生活的乐趣、向上的态度；"内涵观"反映在个人内涵观及其与社会内涵、自然内涵的统一，音乐教育的本质是情感审美，是实施美育的重要途径，所以其教育方式应该是以情感人，以美育人；其教育效应不仅在与音乐知识和技能的习得，更体现在熏陶、感染、净化、震惊、顿悟等情感层面上。

"情感·态度·内涵观"内容，被分为培养音乐兴趣、感知能力、欣赏能力、表现能力、创造能力和陶冶学生的道德情操和培养学生乐观向上的生活态度几个方面。涉及"品德"的方面有热爱祖国、热爱集体、遵纪守法、尊老爱幼、热爱生活、热爱劳动等。培养学生的友爱精神、集体意识及合作能力等。根据学生的不同年龄阶段逐步递增，1～2 年级要求"培养乐观的态度和友爱精神"；3～6 年级在此基础上增加"增强集体意识培养合作能力"的要求。

对"过程与方法"中的"合作"建立起了音乐课堂中人与人之间的互相交往的桥梁，使学生们在互相沟通、联系的同时学会人际交往。音乐的集体活动形式有利于个人与集体的交往与合作，在个人融入集体的同时，能领悟共处的真谛、增强集体意识，这有助于培养学生的社交能力、集体主义精神和宽容的情怀，这也不失为"品德"的一部分。

根据前面《〈新课标〉解读》所提，"审美"只是一种重要途径而不是音乐教育最终要达到的目的。从教育角度来说，音乐教育最终目的是引导学生在习得音乐知识技能的基础之上养成一定的情感内涵观，促使他们成为"品德"优良的人，借以达到音乐教育的育人性。

（五）课程内容

《新课标》将课程内容的结构框架分为以下四个领域：

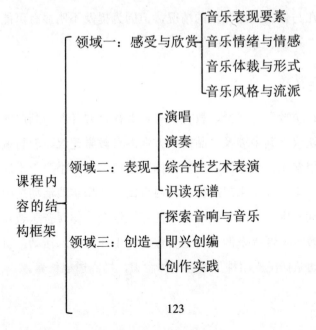

领域一：感受与欣赏——音乐表现要素／音乐情绪与情感／音乐体裁与形式／音乐风格与流派

领域二：表现——演唱／演奏／综合性艺术表演／识读乐谱

领域三：创造——探索音响与音乐／即兴创编／创作实践

课程内容的结构框架

领域四：音乐与相关文化 ⎱ 音乐与社会生活
音乐与姊妹艺术
音乐与艺术之外的其他学科

对《新课标》提出的四个课程内容领域中的"音乐与相关文化"领域的涵盖范围，《〈新课标〉解读》提出，音乐不仅与社会生活有十分密切的关系，而且具有重要的社会功能，与每个人的生活都密切相关。要求引导学生了解音乐与生活的关系，理解音乐对人生的意义，主动探究和思考音乐与人生的关系，使学生热爱音乐，热爱生活，进而让音乐伴随终身，提高生活质量，这也是这一学习领域的主旨，而正确的途径是让学生亲身参与社会音乐活动，运用音乐方式同他人进行交流和情感沟通。

在学生通过参与社会音乐活动的过程中，学会与他人的交流沟通之道，这也不失为提升"品德"，达到育人性的一个手段。

从课程内容结构框架的四个领域来看，除了"音乐与相关文化"这一领域具有培养学生"品德"的内涵以外，其他的领域也具有这样的潜力。例如从"感受与欣赏"领域来看，对于音乐风格与流派的感受与欣赏可以延伸至音乐本身风格、流派背后的历史文化背景，但这种潜力是否能得到发挥，取决于如何理解"感受"与"欣赏"，如若理解不当，就无暇顾及音乐本身以外的内涵。例如"表现"领域主要强调唱、奏、乐谱本身，其中"综合艺术表演"可能存在与他人沟通交流的情况，但因为提及不明显有可能限制了音乐教育在培养"品德"上的内涵发挥。

（六）实施建议

《新课标》从教学、评价、教材编写、课程资源开发与利用四个方面对音乐课程进行建议。其中涉及"品德"方面的有教学建议、教材编写和课程资源开发与利用建议三个方面。《新课标》建议，教学中要善于运用生动活泼的形式进行教学，并将思想品德教育内容寓于音乐实践活动之中；教材编写要注意教育性原则，将思想性与艺术性有机结合，体现音乐教育的规律，渗透思想品德教育；课程资源开发上要重视学生课外艺术活动，引导学生通过各种音乐活动弘扬民族精神，增进集体意识，提高道德修养。